# „WO WARST DU, GOTT?“

Andreas Stahl

# „WO WARST DU, GOTT?“

Glaube nach Gewalterfahrungen

HERDER

FREIBURG · BASEL · WIEN

Für Erika Kerstner, Barbara Haslbeck
und alle Gottsuchenden

MIX
Papier aus verantwortungsvollen Quellen
FSC® C014496
www.fsc.org


www.herder.de

Umschlagkonzeption: Verlag Herder
Umschlagmotiv: © sankai/Getty Images
Satz: Röser MEDIA GmbH & Co. KG, Karlsruhe
Herstellung: GGP Media GmbH, Pößneck

Printed in Germany

ISBN Print 978-3-451-39330-3
ISBN E-Book (E-Pub) 978-3-451-83331-1
ISBN E-Book (PDF) 978-3-451-83332-8

# Geleitwort

Auf den ersten Blick scheinen es verschiedene Welten zu sein, auf den zweiten Blick gehört beides unmittelbar zusammen: Wer vom Glauben redet, kann von Gewalt nicht schweigen. Das ist die mutige Grundeinsicht dieses Buches, für das ich seinem Autor Andreas Stahl sehr dankbar bin. Denn wenn Gott bei den Menschen wohnt, so verspricht es das große Hoffnungsbild der Johannesoffenbarung, dann wird er alle Tränen abwischen, es wird keinen Tod mehr geben, kein Leid, kein Geschrei und keinen Schmerz. Was Menschen sich gegenseitig antun können, wird verwandelt durch Gottes grenzenlose Liebe zum Leben und zu den Menschen. Das glauben Christinnen und Christen.

Was geschieht, wenn dieser Glaube auf reale Gewalterfahrungen trifft? Was, wenn Leid, Schmerz und Geschrei nicht mehr loslassen? Was, wenn keine Tränen abzuwischen sind, weil sie nicht herausfinden und der Schrecken nicht nachlässt?

Wer dieses Buch in die Hand nimmt, sollte innerlich gewappnet sein. Es setzt sich mit Gewalterfahrungen und mit Traumatisierungen auseinander. Es lässt Betroffene zu Wort kommen und geht Gewalt in unserer Lebenswelt nach. Das kann unerwünschte innere Reaktionen auslösen und es kann nötig werden, das Buch für eine Weile beiseitezulegen. Und doch ist es wichtig, dass christliche Gemeinden sich damit auseinandersetzen. Denn Gewalt ist eine Dimension menschlichen Lebens, die den Glauben nicht unberührt lassen kann.

Das zeigen schon die zahlreichen Gewaltgeschichten, die die Bibel in beiden Testamenten zu erzählen weiß. Das Grund- und Hoffnungssymbol des Christentums, das Kreuz, ist ja ursprünglich erst einmal ein Folterinstrument. Auch die Symbolik von Taufe und Abendmahl trägt - neben ihrer unbestrittenen Heilsbedeutung - Abgründe in sich. Daraus ergeben sich Fragen, auf die christliche Gemeinden vorbereitet sein sollten.

Dies umso mehr, als das Bewusstsein für die Folgen von Gewalt und die Langzeitwirkungen von Traumata immer weiter wächst. Die Erfahrungen von Kriegskindern und Kriegsenkeln haben die Augen dafür besonders geöffnet. Aber auch Betroffene von häuslicher und sexualisierter Gewalt sprechen immer häufiger offen darüber. Wer vom Glauben redet, trifft dabei immer auch auf Menschen, die zutiefst verstörende Bilder und Erfahrungen in sich tragen, Wunden, die nicht heilen wollen. Was bedeutet das für eine Kirche, die ihren seelsorglichen Zugang zu den Menschen ernst nimmt?

Die Auseinandersetzung mit Gewalt und ihren Folgen ist unverzichtbare Aufgabe jeder Kirchengemeinde. Dies auch deswegen, weil Gewalt auch um die Kirche keinen Bogen macht. Die Aufarbeitung sexualisierter Gewalt im Raum der Kirche ist dabei das augenfälligste aktuelle Beispiel. Aber auch die „schwarze" Pädagogik in Familien oder in Einrichtungen ist allzu oft mit religiösen, mit „christlichen" Vorstellungen verbunden worden. Eine Ethik der Duldsamkeit hat Widerspruch erschwert und Gewalt befördert. Wir haben allen

Grund, das Thema Gewalt aus christlicher Perspektive neu durchzubuchstabieren.

Hierzu nimmt Andreas Stahl die Leserin und den Leser dankenswerterweise an die Hand. Er führt in die Thematik sachkundig ein, sensibilisiert die Leser:innen auf kluge, verständige Weise und ermutigt, die Schätze unserer Tradition zu heben, die von Heilung und innerer Versöhnung wissen. Möge dieses Buch Augen öffnen und Herzen berühren.

Kirsten Fehrs
Bischöfin im Sprengel Hamburg und Lübeck
(Ev.-Luth. Kirche in Norddeutschland)

# Inhalt

# Vorwort

Liebe Leserin, lieber Leser,

Sie wenden sich einem wichtigen Thema zu. Nicht erst seit der Aufdeckung der Missbrauchsskandale, der MeToo-Bewegung und der Berichterstattung über häusliche Gewalt während der Corona-Krise ist deutlich: Gewalt und eben auch traumatische Gewalt ist ein weit verbreitetes Phänomen. Insofern richtet sich das Buch an alle Menschen, denn Gewalt ist ein Thema, das alle angeht. Das Buch ist jedoch aus einer bestimmten Perspektive geschrieben, der des christlichen Glaubens. Es wendet sich also vor allem an Menschen, die selber Christinnen und Christen oder aus anderen Gründen an christlicher Theologie interessiert sind. Sich mit traumatischer Gewalt auseinanderzusetzen, führt Christinnen und Christen in das Zentrum ihres Glaubens. Denn Jesus Christus ist selbst Opfer von Gewalt geworden. Die Perspektive von Gewaltopfern bringt also näher an Jesus Christus heran.

Auch haben Betroffene Wichtiges über den christlichen Glauben zu sagen. Sie bringen wichtige Perspektiven und wichtige Anfragen mit.

Bei diesem Buch handelt es sich nicht um ein Selbsthilfebuch oder ein Buch speziell für Betroffene. Der Inhalt richtet sich an ein breites Publikum, egal welche Rolle Gewalt in der eigenen Biographie bisher gespielt hat. Dennoch werden alle, die das Buch aus der Betroffenenperspektive lesen, vielleicht die ein oder andere wertvolle Entdeckung machen. Dabei will das Buch kein therapeutisches Buch sein und auch niemanden zu therapeutischer Arbeit anleiten. Auch kann das Buch keine Wunden heilen. Aber es will Nicht-Betroffene für diese Wunden sensibilisieren und Betroffene dabei unterstützen, einige dieser Wunden zumindest zu reinigen.

Für die Lektüre eines Buches über Glaube und Gewalt ist die Perspektive des Autors relevant. Ich bin nicht selbst Betroffener, jedoch persönlich und fachlich mit vielen Betroffenen im Gespräch. Einige davon kommen aus meinem nahen Umfeld. Ich bin also nicht Opfer, doch das Thema betrifft mich. Ehrenamtlich engagiere ich mich in der Initiative Gottes-Suche (www.gottes-suche.de), die sich in der Seelsorge für Betroffene einsetzt. Hauptberuflich bin ich Pfarrer und evangelischer Theologe und habe über traumasensible Seelsorge meine Doktorarbeit geschrieben.

Zur Einführung in die Thematik wird im 1. Kapitel über Gewalt informiert. Dabei geht es vor allem um Taten in sozialen Nahräumen, also in Beziehungen und Familien.

Das 2. Kapitel vermittelt so allgemeinverständlich wie möglich Grundlagen über Traumata. Es geht also darum, die Wunden besser zu verstehen, die durch traumatische Gewalt verursacht werden.

Im 3. Kapitel wird die Frage nach Zusammenhängen zwischen christlichem Glauben und traumatischen Erfahrungen gestellt. Also zum Beispiel, wie sich Traumata auch auf den Glauben auswirken können und ob Glaube eine Unterstützung in der Bewältigung von traumatischen Erfahrungen sein kann.

Das 4. Kapitel dreht sich um traumasensible Theologie. Was erleben Betroffene mit dem christlichen Glauben und wie können ihre Perspektiven helfen, ihn tiefer zu verstehen?

Im 5. Kapitel wird die Rolle von christlichen Gemeinden und Gemeinschaften thematisiert. Es geht um Missbrauch in der Kirche, was Gemeinden für Gewaltbetroffene insgesamt tun und welchen Beitrag Einzelne leisten können.

Das 6. Kapitel widmet sich traumasensibler Spiritualität. Welche geistlichen Übungen können bei der Bearbeitung von Traumata helfen? Dabei wird grundsätzlich über Spiritualität nachgedacht und welche Grundlagen für traumasensible Spiritualität wichtig sind. Schließlich werden konkrete Übungen vorgeschlagen.

## 1. Gewalt - ein schmerzhaftes Thema, das Christen betrifft

Tamar war eine schöne, junge Frau, die Tochter von König David. Sie gehörte im alten Israel zur Oberschicht und der angesehensten Familie ihres Landes, zu den besten Kreisen der Gesellschaft sozusagen. Sie hatte im Rahmen der damaligen Möglichkeiten ein Leben voller Perspektiven. Doch dann geschah etwas, das ihr Leben brutal erschütterte.

Ihr Halbbruder Amnon hatte ein lüsternes Auge auf Tamar geworfen. Amnon war jemand, der bereit war, sich notfalls mit Gewalt zu nehmen, was er wollte. Und seine Begierde wuchs. Nachdem er sich mit einem Freund beraten hatte, fasste er den Entschluss, Tamar eine Falle zu stellen. Er nutzte ihr Vertrauen aus und lockte sie unter einem Vorwand in sein Haus. Er plante alles sorgfältig und schaffte Umstände, unter denen Tamar schutzlos war. Dann vergewaltigte er sie.

Nachdem er dieses Verbrechen begangen hatte, scheuchte Amnon sie aus seinem Haus. Tamar war völlig verstört, trauerte und schrie. Als sie auf ihren Bruder Absalom traf - die Geschichte erzählt nicht, ob sie ihn aufsuchte oder er sie fand -, kann sie zwar bei diesem bleiben. Doch er fordert sie auf, das Geschehene möglichst zu verdrängen. So ein Ereignis hätte wohl die Familienehre beschmutzt. „Nun, meine Schwester, schweig still; er ist dein Bruder. Nimm dir die Sache nicht so zu Herzen", soll er ihr gesagt haben. Verstört und einsam bleibt Tamar im Hause Absaloms zurück.

Tamar verschwindet von der Bildfläche. Später wird erzählt, wie Absalom wiederum Amnon in eine Falle locken und töten lassen wird. Tamar aber taucht nicht mehr auf. Wir hören nicht, wie ihr Leben weiterging. Wir erfahren nicht, ob oder wie sie mit der erlebten Gewalt fertig wurde. Wir erfahren nicht, ob König David die Gewalt gegen seine Tochter beweinte, wie er dies mit der Tötung seines Sohnes Amnon tat. Tamar verstummt und verschwindet.

Diese Geschichte steht in der Bibel im zweiten Samuelbuch. Sie beschreibt, wie in Familien und Institutionen normalerweise mit Gewalt umgegangen wird. Sie wird verleugnet und verdrängt und die Opfer der Gewalt verstummen. Solche biblischen Geschichten decken auf, was Menschen gerne verborgen halten. Die Bibel beschreibt oft nicht, wie die Welt sein soll, sondern wie sie ist. Indem die Geschichte beschreibt, wie mit Tamar umgegangen wird, stellt sie Fragen: Wie hätte die Gewalt verhindert werden können? Was hätte Tamar nach der Vergewaltigung gebraucht? Wie geht ihr mit den Tamars in eurer Mitte um?

Außerdem macht die Erzählung einige Aussagen:

- Gewalt - in diesem Fall sexuelle Gewalt - passiert. Und sie kann überall geschehen, in jeder sozialen Schicht bis hinein in die „besten" Familien. Die Täter sind dabei oft keine Fremden, sondern kommen aus der Familie und dem Bekanntenkreis.
- Gewalt traumatisiert. Nach der Vergewaltigung ist nichts mehr wie vorher. Und wir wissen nicht, ob und wie Tamar mit dem Trauma weiterleben konnte.

- Gewalt wird verdrängt. Absalom fordert Tamar auf, sich die Sache nicht zu Herzen zu nehmen. Abgesehen von einem Anflug von Zorn wird von einer Reaktion Davids nicht berichtet. Das Geschehene wird unter der Decke gehalten. Niemand will wahrhaben, dass so etwas in einer Königsfamilie passiert.
- Das Interesse an den Tätern ist stärker als das Interesse an den Opfern. Im Lauf der Erzählung wird die Rache von Absalom an Amnon beschrieben. Das ist häufig so: Vor allem bei sexueller Gewalt geht es der Öffentlichkeit um eine harte Bestrafung der Täter. Nach dem, was die Opfer brauchen, wird selten gefragt.

Die Geschichte von Tamar stellt denen, die sie lesen, viele Fragen. Einigen davon wollen wir nachgehen. In diesem Kapitel geht es darum, Gewalt, wie sie vor allem im Familien- und Bekanntenkreis vorkommt, näher zu verstehen. Das ist als Grundlage wichtig. Nur so können wir Antworten auf die oben genannten Fragen suchen.

## Was ist Gewalt?

Was meinen wir eigentlich, wenn wir von „Gewalt" reden? Für das Verständnis von Gewalt, das in diesem Buch zugrunde liegt, sind vor allem die Kinderschutz- und die Frauenbewegung wichtig, die ab den 1960er und vor allem 1970er Jahren im deutschsprachigen Raum wirksam wurden. Beide Bewegungen machten mit je eigenen Schwerpunkten auf die Gewalt gegen Frauen und Kinder aufmerksam. Beide setzten sich auf verschiedenen Wegen für eine gesellschaftliche Sensibilisierung für die Thematik ein. Beide Bewegungen wurden in ihrem Einsatz auch konkret und praktisch. Dass wir heutzutage diese Gewalt als ein gesellschaftliches Problem betrachten, ist zu einem großen Teil ihr Verdienst.

Dieser Fokus auf Frauen und Kinder hat eine gewisse Berechtigung. Denn Frauen und Kinder sind besonders oft betroffen von traumatisierender Gewalt. Dennoch soll der Blick darauf nicht verstellen, dass auch Männer Opfer werden, ebenfalls in homo- oder heterosexuellen Partnerschaften. Dies gilt auch für Menschen, die sich nicht einfach dem männlichen oder weiblichen Geschlecht zuordnen lassen. Eben weil diese anders als die Mehrheit der Gesellschaft sind, kann die Akzeptanz und Unterstützung geringer und die Aggression im nahen Umfeld größer sein.

In der Wortwahl für das Buch ist überwiegend von „Betroffenen“ statt von „Opfern“ die Rede. Die Bezeichnung „Opfer“ markiert zwar das klare Gegenüber zum „Täter“, reduziert Menschen jedoch häufig auf ihr Opfersein, und das ist nicht hilfreich.

Was meint nun Gewalt?
Ich will Sie, liebe Lesende, möglichst wenig mit Definitionen strapazieren. An dieser Stelle ist es aber wichtig. Denn an der Definition von Gewalt lassen sich verschiedene Aspekte aufzeigen, die für die nächsten Kapitel wichtig sind. Die folgende Definition ist nur eine unter vielen möglichen:

*Gewalt ist eine zu verantwortende, schädigende Handlung (was Tun oder Unterlassen einschließt) in physischer, psychischer oder sexueller Form, unter Ausnutzung bestehender Machtverhältnisse.*

- Es gibt Themen, mit denen man sich nicht beschäftigen kann, ohne sich zu positionieren. Gewalt ist ein solches Thema. Sie lässt sich nicht wertfrei beschreiben. Wo stehen wir? Auf Seiten der Betroffenen, der Täter oder scheinbar unbeteiligter Beobachter? Probieren Sie es aus: Je nachdem, welchen Blickwinkel Sie einnehmen, wird sich Ihr Blick auf das Thema „Gewalt" verändern. Wir wollen uns im Folgenden aus gutem Grund auf die Seite der Betroffenen stellen. Aus dieser Perspektive kann Gewalt kein moralfreies Geschehen sein. Sie ist immer *zu verantworten*.
- Für die Opfer geht Gewalt mit einer *Schädigung* einher. Wichtiger als die Absicht der Täter ist das Erleben der Betroffenen. Um eine Schädigung zu beurteilen, muss dem Opfer - unter Einbeziehung auch relativ objektiver Faktoren - die Deutungshoheit über die eigenen Verletzungen eingeräumt werden.
- Gewalt in dieser Definition meint eine *Handlung*. Es gibt auch so etwas wie strukturelle Gewalt. Dies meint gesellschaftliche Bedingungen, die bestimmte Gruppen stark benachteiligen. Gewalt von Männern gegen Frauen wird oft dadurch unterstützt, dass viele Frauen wirtschaftlich von Männern abhängig sind. Diese wirtschaftliche Ungleichheit lässt sich als strukturelle Gewalt bezeichnen. Strukturelle Gewalt ist ein wichtiges Thema und wird im Folgenden auch immer wieder durchscheinen. Der Fokus dieses Buch liegt aber anders. Das Verständnis von Gewalt ist hier auf Handlungen eingegrenzt.

- Gewalt kann sich auch in *Unterlassen* äußern. Vernachlässigung ist eine Form von Gewalt, unter der Kinder häufig leiden.
- Gewalt kann mehr sein als rohe *physische* Gewalt. Demütigungen, Kontaktverbote und wirtschaftliche Erpressung sind nur einige Beispiele für die weniger sichtbare *psychische* Gewalt. Auch *sexuelle* Gewalt ist ein eigener Bereich. Auch wenn sie ohne physischen Zwang passiert, ist sexuelle Gewalt für die Seele der Opfer brutal.
- Schließlich hat Gewalt, vor allem wenn sie im näheren sozialen Umfeld geschieht, fast immer mit der *Ausnutzung bestehender Machtverhältnisse* zu tun. Die Macht kann aufgrund körperlicher Unterschiede, Alter, Status oder wirtschaftlichen Möglichkeiten bestehen.

Auch wenn jeder Mensch intuitiv zu verstehen meint, was Gewalt ist, sind diese Bestimmungen wichtig. In gesellschaftlichen Debatten kommt es häufig vor, dass die Bedeutung des Begriffs stark ausgeweitet wird. Alles ist dann Gewalt und jeder irgendwie Opfer. Der Begriff „Gewalt" hat dann keine Beschreibungskraft mehr, und den tatsächlichen Opfern von Gewalt wird Unrecht getan.

Auch ist es zentral zu verstehen, dass man Gewalt unterschiedlich definieren kann. Im Umgang mit Studien sollte darauf geachtet werden. Da kann die eine Studie sagen, 4 % aller Kinder erleben sexuelle Gewalt. Die andere Studie redet von 16 %. Eine Möglichkeit, diesen Unterschied zu erklären, könnte sein, dass das zugrunde gelegte Verständnis von Gewalt unterschiedlich ist.

## Wie verbreitet ist Gewalt?

Um diese Frage zu beantworten, sollen einige Studienergebnisse dargestellt werden. Die Studiendaten wurden in Deutschland erhoben, dürften allerdings auch für andere europäische Länder aussagekräftig sein. Es werden im Folgenden die wichtigsten Zahlen aus den jeweiligen Studien genannt. Die Darstellung gliedert sich nach den jeweiligen Gruppen, die Opfer von Gewalt wurden.

Wie bereits bei der Definition von „Gewalt" angemerkt, müssen Studien sehr genau betrachtet werden, um ihren tatsächlichen Aussagewert beurteilen oder sie mit den Ergebnissen anderer Studien vergleichen zu können. Wichtig ist unter anderem die Frage, ob es sich um Hellfeld- oder Dunkelfeldstudien handelt. Hellfeld-Daten liefert zum Beispiel die Polizeiliche Kriminalstatistik. Dabei geht es dann um die angezeigten Fälle häuslicher Gewalt. Solch eine Zahl macht nur eine Aussage über die Fälle, die der Polizei gemeldet werden, nicht darüber, wie oft häusliche Gewalt tatsächlich passiert.

Ebenso sind - neben vielem anderen - die Fragen wichtig, wie bestimmte Begriffe in den Studien verstanden werden, welche Bevölkerungsgruppen ein-, aber auch ausgeschlossen wurden (z. B. Heimkinder, Gefängnisinsassen, Menschen ohne festen Wohnsitz) und mit welchen Methoden die Daten erhoben wurden. Je nachdem, wie hier einzelne Entscheidungen getroffen werden, können die Ergebnisse von Studien sehr unterschiedlich ausfallen. Studien sind also nie ein exaktes Abbild der Realität, sondern im besten Fall eine Annäherung aus einer bestimmten Perspektive.

## Gewalt gegen Frauen

Um ein genaueres Bild über Gewalt gegen Frauen in Deutschland zu erhalten, hat das Bundesministerium für Familien, Senioren, Frauen und Jugend in den Jahren 2002-2004 eine große Studie durchführen lassen: „Lebenssituation, Sicherheit und Gesundheit von Frauen in Deutschland". Die Studie lässt sich online herunterladen.[1] Auch wenn diese Untersuchung inzwischen etwas in die Jahre gekommen ist - bis zum Jahr 2025 soll eine ähnliche Studie durchgeführt werden -, bietet sie mit die besten Daten, die wir zur Verfügung haben. Sie basiert auf einer Stichprobe von Frauen im Alter von 16-85 Jahren und umfasst Daten aus 10.264 Interviews und dazugehörigen Fragebögen. Insgesamt ist davon auszugehen, dass es sich bei vielen der Angaben um Mindestwerte handelt. Denn Gewalt, vor allem durch nahestehende Menschen verübt, ist ein mit viel Scham und Tabus besetztes Thema.

In der Studie gaben 37 % der befragten Frauen an, nach dem 16. Lebensjahr irgendeine Form körperlicher Gewalt erlebt zu haben, davon 61 % als schwer eingestufte Gewalt. Für unseren Zusammenhang wichtig ist der Blick auf den Täterkreis: 50,2 % der Frauen erlitten Gewalt durch PartnerInnen oder Ex-PartnerInnen und 30,1 % durch jemanden aus der Familie. 71,4 % der betroffenen Frauen haben Gewalt nur durch Männer, 18,9 % sowohl durch Frauen als auch Männer und 9,6 % nur durch Frauen erlebt. Dem entspricht, dass die eigene Wohnung der am häufigsten genannte Tatort ist. Das Zuhause ist also der gefährlichste Ort. Gewalt kommt der Studie zufolge in jeder sozialen Schicht ungefähr in gleichem Maße vor. In einer Ärztefamilie gibt es also nicht weniger

Gewalt als in der Familie der Reinigungskraft, welche die Praxis putzt.

Auch über sexuelle Gewalt trifft die Studie Aussagen. Sie versteht darunter „erzwungene sexuelle Handlungen unter Anwendung von körperlichem Zwang oder Drohungen". Nach dieser Definition gaben etwa 10 % aller Frauen an, sexuelle Gewalt erlebt zu haben, etwas mehr als die Hälfte von ihnen mehrfach. Je näher sich Opfer und Täter standen, desto häufiger kam es zu wiederholten Vorfällen von Gewalt. Auch war die Wahrscheinlichkeit für Frauen, die in der Kindheit sexuelle Gewalt erlebt hatten, um ein Vierfaches höher, dies auch im Erwachsenenalter erfahren zu müssen. Die größte Tätergruppe bei sexueller Gewalt waren auch hier (Ex-)Partner und Menschen aus dem näheren sozialen Umfeld. 99 % der Täter waren männlich. Auch hier ist die eigene Wohnung der häufigste Tatort.

Diese Studienergebnisse unterstreichen, dass Gewalt in den meisten Fällen durch Menschen aus dem nahen sozialen Umfeld verübt wird. Nicht Fremde, sondern Vertraute sind häufig die Täter.

### Gewalt gegen Männer

Für die Erhebung von Gewalt gegen Männer ist die Datenlage deutlich schlechter. Es gibt bisher keine vergleichbaren umfassenden Untersuchungen. Eine Studienauswertung aus dem Jahr 2013 im Auftrag der Männerarbeit von evangelischer und katholischer Kirche versucht der Thematik näher auf den Grund zu gehen. „Männer - die ewigen Gewalttäter?" lautet diese Auswertung. Sie bezieht sich auf Interviews von

1.470 Männern und 970 Frauen. Nach dieser Studie erleben auch Männer häufig Gewalt durch Personen aus dem näheren sozialen Umfeld. Innerhalb von Paarbeziehungen sind Männer aber sehr viel seltener von schwerer physischer und sexualisierter Gewalt betroffen. Männer neigen stärker zur Anwendung physischer und Frauen zur Anwendung psychischer Gewalt. Die Studie trifft leider keine näheren Aussagen zu Gewalt in homosexuellen Partnerschaften. Diesbezüglich gibt es in Deutschland noch keine repräsentativen Studien.

Gewalt gegen Männer ist der Studienauswertung zufolge ebenfalls ein wichtiges Thema, ist in verschiedenen Punkten jedoch anders gelagert als Gewalt gegen Frauen.

Ein Forschungsbereich, der in der nächsten Zeit aufgrund der demographischen Entwicklung noch an Gewicht gewinnen wird, ist Gewalt gegen alte Menschen. Hierbei geht es vor allem um extreme Vernachlässigung, z. B. in der Pflege.

## Gewalt gegen Kinder

So wie Menschen am Ende ihres Lebens tendenziell verwundbarer werden, so sind sie es auch am Anfang. Gewalt gegen Kinder ist ein gravierendes gesellschaftliches Problem. Nach der sukzessiven Aufdeckung zahlreicher Missbrauchsfälle in vor allem kirchlichen Einrichtungen seit dem Jahr 2010 führte das Kriminologische Forschungsinstitut Niedersachsen eine umfassende Untersuchung zu Gewaltbetroffenheit in Deutschland durch. Die Studie bietet umfassendes Datenmaterial, das sich auf eine in vielerlei Hinsicht repräsentative (z. B. Bundesland, Stadt-Land-Verteilung, Bildungshintergrund) Stichprobe bezieht. Erfasst wurden allerdings nur Menschen zwischen 16-40 Jahren, da Menschen ab 40 Jahren schon repräsentativ in einer vorhergehenden Studie erfasst wurden. Deswegen ist davon auszugehen, dass es sich bei den Angaben um Mindestwerte handelt. Denn manchmal können Menschen erst sehr spät in ihrem Leben über die erlebte Gewalt sprechen. Die Auswertung basiert auf 11.438 Datensätzen, die anhand selbstständig ausgefüllter Fragebögen erhoben wurden. In Bezug auf physische Gewalt erhob die Studie nur solche, die durch die Eltern verübt wurde, nicht jedoch durch Geschwister oder andere Verwandte zugefügte. Dies ist ein weiteres Argument dafür, dass die Werte eher Mindestwerte sind. Den Studienergebnissen zufolge wurden 51,4 % der Befragten völlig gewaltfrei erzogen. 35,7 % erlebten leichte Gewalt, während 13 % von schwerer Gewalt durch die Eltern berichten. Diese Quote lag bei Befragten mit türkischem Migrationshintergrund bei 16 % und mit russischem Migrationshintergrund bei 17,5 %. Über das Gewalterleben sprachen knapp die Hälfte der weiblichen Befragten mit jemandem, jedoch weniger als ein Drittel der männlichen Befragten. Wurde Gewalt zwischen den Eltern beobachtet, war die Wahrscheinlichkeit, selbst Opfer zu werden, um fast ein 13faches erhöht. Gewalt kommt insgesamt in allen Schichten, relativ unabhängig vom Bildungsstand vor.

Sexuelle Gewalt wurde in dieser Studie erfasst als eine sexuelle Handlung eines mindestens fünf Jahre älteren Erwachsenen an einem bis zu einschließlich 16 Jahre alten Kind/Jugendlichen. Der Studie zufolge haben 4,4 % der deutschstämmigen Bevölkerung sexuelle Gewalt in Kindheit oder Jugend erlebt; 1,4 % einmalig, 3 % mehrmalig. Nach Geschlecht differenziert waren 1,5 % der männlichen und 7,4 % der weiblichen Befragten betroffen. In fast der Hälfte der Fälle waren die Täter männliche Familienangehörige. Die angegebenen Zahlen sind aufgrund der Scham- und Tabubesetzung aber insgesamt eher als Mindestwerte anzusehen. Doch selbst wenn diese Zahl von 4,4 % zutrifft, so ist dies eines unter 23 Kindern. Also ca. ein Kind in jeder Schulklasse.

## Gewalt gegen Menschen mit Behinderung

Abschließend sei auf die besonders verwundbare Gruppe der Menschen mit Behinderung hingewiesen. Eine Studie des Bundesministeriums für Familie, Senioren, Frauen und Jugend aus dem Jahr 2013 wendet sich den Frauen innerhalb dieser Bevölkerungsgruppe zu („Lebenssituation und Belastung von Frauen mit Behinderung und Beeinträchtigung in Deutschland“).[2] Die Studienautorinnen kommen zu dem Ergebnis, dass Frauen mit Behinderung und Beeinträchtigung von allen Gewaltformen deutlich häufiger betroffen sind als Frauen im Bevölkerungsdurchschnitt. So sind sie z. B. zwei bis dreimal häufiger von sexueller Gewalt in Kindheit und Jugend betroffen.

## 2. Traumata - Verletzungen, die bleiben

Gewalt und besonders schwere Gewalt geht an Menschen nicht spurlos vorüber. Rufen wir uns noch einmal die Geschichte von Tamar in Erinnerung. Die Lutherbibel beschreibt den Zustand von Tamar nach der Vergewaltigung in 2. Sam 13,20 mit den Worten: „So blieb Tamar einsam im Hause ihres Bruders Absalom." Ähnlich klingt die Einheitsübersetzung von 2016, in der es heißt: „Von da an lebte Tamar einsam im Haus ihres Bruders Abschalom." Doch diese Übersetzung ist eigentlich nicht richtig. Denn das hebräische Wort *schamam*, das hier mit „einsam" übersetzt wird, meint der hebräischen Urbedeutung nach etwas anderes. Es lässt sich wiedergeben mit *starr vor Entsetzen sein, verstört sein, erstarrt sein, benommen sein, entsetzt sein* und *verwüstet sein*. Tamar lebte also nicht einfach einsam im Hause Absaloms, sie war verstört, erstarrt und benommen.

Die Übersetzungen reden die Traumafolgen klein. Der Urtext der Bibel ist sehr viel ehrlicher und deutlicher. Doch was ist ein Trauma eigentlich?

### Was bedeutet „Trauma"?

In unserem gängigen Sprachgebrauch wird „Trauma" sehr breit und häufig verwendet, oft als ein anderes Wort für „negatives Erlebnis". So wird eine lange Zugfahrt oder ein schlechter Urlaub schnell als „Trauma" bezeichnet. Doch ebenso wie im letzten Kapitel bei dem Wort „Gewalt“ gezeigt wurde, verwischt eine schwammig-breite Verwendung eines Wortes seinen sinnvollen Gebrauch. Wir müssen also auch an dieser Stelle die Bedeutung des Begriffes klären. Dazu müssen wir noch einmal zu einer alten Sprache zurück.

Das Wort „Trauma“ leitet sich von dem altgriechischen *to trauma* ab, das wir im Deutschen mit „Wunde“, „Verletzung“, „Leck“ (bei Schiffen) oder übertragen „Verlust“ oder „Niederlage“ übersetzen können. Ebenso verwandt damit ist das Wort *to thrauma,* das so viel wie „Bruchstück“ oder „Trümmer“ heißt.

In der Medizin wurde das Wort „Trauma“ lange Zeit zur Bezeichnung physischer Wunden verwendet und erst relativ spät auf die Psyche übertragen. Dies allerdings geschah aus gutem Grund. Denn nach und nach entstand ein Bewusstsein dafür, dass auch die menschliche Psyche Verletzungen erleiden kann, die nicht ohne weiteres wieder heilen. So entwickelte sich nach und nach die Psychotraumatologie, also die „Lehre von der psychischen Verletzung“.

## Eine kurze Geschichte der Traumaforschung

Das Nachdenken über Traumata ist also etwas Altes und etwas Neues. Schon sehr lange - siehe die Geschichte von Tamar und viele andere mögliche Beispiele - gibt es Zeugnisse über die zerstörerische Wirkung von Gewalt, Naturkatastrophen oder Kriegen auf die menschliche Psyche. Gleichzeitig ist die systematische Erforschung dieser zerstörerischen Wirkungen unter dem Leitbegriff „Trauma“ bzw. „Psychotrauma“ etwas relativ Neues.

Wer sich außerdem näher mit der Geschichte der Traumaforschung auseinandersetzt, wird feststellen, dass diese Forschung in ihrer Geschichte oft mit Widerständen oder Verdrängung zu kämpfen hatte. Menschen setzen sich selten gerne mit ihrer eigenen Verletzlichkeit und Zerbrechlichkeit auseinander. Auch stellt die Frage nach den Wunden der Opfer die Frage nach der Gewalt der Täter. Wenn es also um Missbrauch in Familien oder Gewalt in Partnerschaften geht, werden sehr unangenehme Fragen aufgeworfen. Sowohl für Einzelpersonen als auch für ganze Gruppen und Gesellschaften gilt deswegen, dass das Thema „Trauma" gerne unter der Decke gehalten wird.

In der Neuzeit war es erst einmal vor allem die Erforschung der Folgen von Eisenbahnunfällen, welche das Verständnis für psychische Wunden wachsen ließ. Es folgten zwei Weltkriege, die Millionen von Menschen schwer traumatisierten. Ebenso entstand in der Erforschung der damals sogenannten „Hysterie" nach und nach eine Ahnung davon, dass traumatisierende Gewalt nicht nur auf Schlachtfeldern, sondern auch in scheinbar bürgerlichen Idealwelten geschah. Nicht nur verfeindete Nationen, sondern auch Familienmitglieder konnten sich untereinander schreckliche Gewalt antun. Und wie eine physische Wunde einen Menschen verändern, vielleicht sogar entstellen kann, so können auch psychische Wunden bleibende Spuren hinterlassen. Das wurde nach und nach klar. Ein Trauma ist dabei eine psychische Wunde, die nicht einfach verheilt.

Wenn Sie sich schon etwas mit Traumata beschäftigt haben, wird Ihnen vielleicht aufgefallen sein, dass manchmal unklar ist, ob das Wort „Trauma" ein bestimmtes Ereignis oder die Folgen eines Ereignisses benennt. Meint das Wort also - in einem Beispiel ausgedrückt - den Autounfall an sich oder die psychischen Folgen von diesem. Tatsächlich meint das Wort „Trauma“ beides auf einmal. Für das Verständnis von Traumata ist das etwas sehr Wichtiges. Denn genau diese Doppelbedeutung beinhaltet einen zentralen Aspekt im Verstehen von Traumata: Ein Trauma ist ein Schrecken, der nicht weiß, dass er bereits vergangen ist.

Um das einmal in einem Bild auszudrücken: Stellen Sie sich vor, Sie schauen einen Film an. Im ersten Drittel des Films ist eine schreckliche Szene passiert. Doch danach läuft der Film nicht einfach weiter. Die Szene wird immer wieder eingespielt, auch wenn sie überhaupt nicht in die Handlung passt. Sie kommt auch, wenn der Film eigentlich schon viel weiter sein müsste. Sie als jemand, der den Film anschaut, erschrecken dabei immer wieder aufs Neue, so als ob Sie die Szene zum ersten Mal sehen würden. Trauma bedeutet etwas ähnliches, nämlich dass eine Situation nicht vorübergeht, sondern immer wiederkommt.

Dies ist in einem Bild gesprochen und beleuchtet nur einen bestimmten Aspekt. Dennoch kann dieser Vergleich deutlich machen, dass die normalen zeitlichen Abläufe bei einem Trauma außer Kraft gesetzt sind. Die Gewalt ist, selbst wenn sie schon lange Zeit zurückliegt, nicht Vergangenheit, sondern immer wieder Gegenwart. Die erste anerkannte Traumafolgestörung, die „Posttraumatische Belastungsstörung“ (PTBS) lässt sich so besser verstehen. Ein Mensch zeigt in der Gegenwart immer wieder die Reaktionen, die in einer oder unmittelbar nach einer Gefahrensituation normal und hilfreich sind. Nur, dass er es eben auch dann tut, wenn die

Gefahr längst vorbei ist. Bei der Traumaheilung geht es dann darum, dass der Film so bearbeitet wird, dass die Szene nicht einfach unkontrolliert immer wiederkommt.

### Das traumatische Ereignis

Warum ist es so, dass ein traumatisches Ereignis nicht vorübergeht, sondern präsent bleibt? Dieser Frage widmen sich seit vielen Jahren zahlreiche PsychotraumatologInnen und haben unterschiedliche Theorien erarbeitet.

In vielen von ihnen geht es um Stressverarbeitung. Stress ist die natürliche menschliche Reaktion auf Gefahr. Und ein traumatisches Ereignis stellt erst einmal eine für das eigene Überleben gefährliche Situation dar. Wenn also ein Mensch in eine lebensgefährliche Situation gerät - und Gewalt ist lebensgefährlich -, werden die menschlichen Stresssysteme hochgefahren. Es übernehmen im Gehirn die Regionen die Kontrolle, welche für Flucht oder Kampf verantwortlich sind. Stresshormone werden ausgeschüttet, Herzschlag und Atemgeschwindigkeit werden erhöht, die Muskeln spannen sich an. Je nach Situation versucht der Mensch zu entkommen oder zu kämpfen. Gelingt dies erfolgreich, kann sich der menschliche Organismus nach und nach wieder beruhigen und erholen. In einer traumatischen Situation ist dies nicht möglich, und die Gewalt kann nicht verhindert werden. Die Stresssysteme senden fortwährend Impulse, während der Mensch in der gefährlichen Situation gefangen bleibt. In solch einer Situation kann es zu einem psychischen Kollaps kommen. Menschen erstarren. Sehr ähnlich einem Totstellreflex werden die Körperfunktionen heruntergefahren.

In so einer Situation kommt es sehr häufig zu dissoziativen Phänomenen, was weiter unten genauer erklärt werden wird. Die Situation wird dann als unwirklich erlebt, oder wie von außen beobachtet. Außerdem kommt es auf verschiedenen Ebenen zu einer Fragmentierung, die auch noch lange nach dem Ereignis selbst das Trauma kennzeichnet. Die Fragmentierung bezieht sich vor allem auf das Gedächtnis. Eine traumatische Situation kann nicht wie ein anderes Ereignis erinnert werden. Sehr oft sind die traumatischen Erinnerungsfragmente nicht zu versprachlichen. Teile der Erinnerung fehlen komplett bzw. kehren erst nach langer Zeit wieder. Verschiedene Sinneseindrücke wie Gerüche, Bilder und Gehörtes sind voneinander isoliert. Die zeitliche Reihenfolge ist unklar. Die Fragmentierung hinterlässt auch Spuren im Körper, wie z. B. eine Trennung der körperlichen Empfindungen vom Bewusstsein. Ein Trauma hat weiterhin Auswirkungen auf zwischenmenschliche Beziehungen, zumal wenn der/die TäterIn eine primäre Bezugsperson ist. Dann richten sich die Suche nach Schutz und die Flucht vor Gefahr auf denselben Menschen und sorgen vor allem bei Kindern für tiefe emotionale Verwirrung. Schließlich hat ein Trauma auch eine emotionale Komponente: Anhaltende Gefühle von Trauer, Angst, Schuld und Scham sind vor allem infolge von Gewalt häufig anhaltende Folgen.

### Die Posttraumatische Belastungsstörung

Die Traumatisierung durch Krieg und die Traumatisierung durch häusliche Gewalt waren und sind zwei Bereiche, denen im Verständnis von Traumata eine große Bedeutung zukommt. In beiden Bereichen gab es in den USA der 1970er Jahre viel Veränderung. Aktivistinnen der Frauenbewegung erkannten in diesen Jahren verstärkt das Problem von Gewalt gegen Frauen, besonders sexueller Gewalt. Es gab erste Forschungen zu diesem Thema. Bücher wurden geschrieben und verbreitet. In diesen Jahren fand auch der Vietnamkrieg sein Ende. Viele Soldaten kehrten traumatisiert in ihre Heimat zurück. Veteranenverbände bemühten sich um deren psychomedizinische Versorgung. In diesem gesellschaftlichen Klima wurde im Jahr 1980 die Diagnose „Posttraumatische Belastungsstörung“ (PTBS) offiziell in das wichtigste US-amerikanische Diagnosehandbuch aufgenommen. Das bedeutet, dass Mediziner nun offiziell mit der „PTBS“ arbeiten konnten. Auch die Forschung wurde auf diese Weise erheblich vereinfacht.

Diagnosehandbücher und ähnliche Klassifizierungssysteme geben im Idealfall den aktuellen Forschungsstand wieder. Dieser entwickelt sich allerdings weiter, und so müssen auch die entsprechenden Bücher immer wieder aufs Neue angepasst werden. Die Beschreibung psychischer Störungsbilder wie jene der PTBS ist also nicht in Stein gemeißelt. Sie ist ein von Menschen gemachtes Konstrukt und deswegen immer wieder auch veränderbar. Diese Relativierung ist aus zwei Gründen wichtig:

- Diagnosen sollen helfen, einen Menschen mit seinen Problemen und Herausforderungen besser zu verstehen, um ihn dann sachgemäß zu unterstützen. Sie sollten keine Etiketten sein, auf die Menschen reduziert werden. Der

Blick auf die Einzigartigkeit eines jeden Menschen sollte durch eine Diagnose nicht verstellt werden.
- Bei der Beschreibung psychischer Störungsbilder gibt es nicht nur zeitliche, sondern auch regionale und kulturelle Unterschiede. Eine PTBS wird in den USA anders beschrieben als in Europa. Andere Kulturen entwickeln andere Kategorien, das gilt auch und vor allem über den Westen hinaus.

Unter Berücksichtigung dieser Gedanken ist die Orientierung an den aktuellen Diagnosehandbüchern sinnvoll. Denn es ist wichtig, welches Verständnis einer PTBS im einflussreichsten Diagnosesystem entwickelt und damit auch von einer breiten medizinischen Öffentlichkeit akzeptiert wird. An dieser Stelle wollen wir das Verständnis einer PTBS im ICD-11, dem Diagnosesystem der Weltgesundheitsorganisation, näher betrachten und dabei auch Bezüge zum US-amerikanischen Gegenstück DSM-5 herstellen.

Im ICD-11 wird ein möglicherweise traumatisches Ereignis als ein extrem bedrohlicher oder schrecklicher Vorfall, oder eine Serie solcher Vorfälle beschrieben. Das DSM-5 benennt solche Vorfälle als „Konfrontation mit tatsächlichem oder drohende[m] Tod, ernsthafter Verletzung oder sexueller Gewalt.“[3] Häusliche Gewalt und Missbrauch sind nach diesem Verständnis also in jedem Fall potentiell traumatisch. Vor allem sexuelle Gewalt wird explizit genannt. Konfrontation kann dabei auch bestehen, ohne direkt betroffen zu sein. So kann es zum Beispiel für ein Kind traumatisch sein, wenn es Gewalt zwischen Eltern miterleben muss.

Entwickelt sich nach einem solchen Ereignis eine Posttraumatische Belastungsstörung, so zeigen sich nach dem ICD-11 drei Gruppen von Symptomen:

1. Wiedererleben: Das Ereignis wird auf verschiedene Weise wiedererlebt. Erinnern Sie sich an den obigen Vergleich mit der Filmaufnahme? Die schreckliche Szene wird immer wieder eingespielt, auch wenn der Film längst weitergegangen ist. Das Wiedererleben kann sich auf verschiedene Weise äußern. Eine Möglichkeit ist das Einbrechen von Erinnerungsfragmenten, sogenannten Intrusionen. Dabei erleben Betroffene oft starke körperliche Reaktionen wie Schweißausbrüche oder Zittern, ebenso heftige Gefühle wie Furcht, Angst oder Panik. Ähnliche Reaktionen zeigen sich auch bei Albträumen, die direkt oder indirekt auf das Trauma bezogen sind. Eine besonders massive Weise des Wiedererlebens sind Flashbacks, bei denen die Betroffenen mental in eine traumatische Situation rückversetzt sind und sie innerlich neu durchleben.
2. Übererregung: In dem obigen Film-Vergleich wurde dargestellt, dass eine traumatische Situation zwar zeitlich vergangen, aber dennoch immer wieder gegenwärtig ist. Die Gefahrensituation ist also in der Lebenswelt Betroffener nicht vorbei, sondern nach wie vor präsent. Entsprechend sind sie häufig in einem Modus hoher Erregung, der normalerweise der Gefahrenabwehr dient. Dies kann zu einem permanenten hohen Stressniveau, Schreckhaftigkeit, aggressivem Verhalten und Konzentrationsschwierigkeiten führen. Dies ist plausibel. Wer davon ausgeht, dass er eine Gefahr für das eigene Leben

abwehren muss, ist in permanentem Kampf- oder Fluchtmodus und kann sich nicht auf vergleichsweise Nebensächliches konzentrieren.

3. Vermeidung: Weil das Wiedererleben so belastend ist und meistens durch Hinweisreize ausgelöst wird - also Sinneseindrücke oder Gedanken, die mit dem traumatischen Ereignis in Verbindung stehen -, versuchen Betroffene, diesen möglichst aus dem Weg zu gehen. Dies gilt sowohl innerlich als auch äußerlich. Gedanken und Erinnerungen, die mit dem traumatischen Ereignis verbunden sind bzw. daran erinnern könnten, werden vermieden. Dies gilt ebenso für Orte, Personen, Aktivitäten oder Situationen, welche ein traumatisches Wiedererleben auslösen könnten - in der Fachsprache spricht man von „triggern" (englisch *to trigger* = auslösen). Etwas anders äußert sich das „Numbing", bei dem Emotionen und Empfindungen insgesamt betäubt werden.

All diese Reaktionen sind unmittelbar nach einer Gefahrensituation sinnvoll. Sie können helfen, das Erlebte zu verarbeiten (Wiedererleben), Gefahren aus dem Weg zu gehen (Vermeidung) oder zumindest schnell zu reagieren (Übererregung). Zum Problem werden sie vor allem dann, wenn sie andauern (nach der ICD-11 mehrere Wochen) und so im persönlichen, sozialen und beruflichen Leben Leiden verursachen.

## Die komplexe Posttraumatische Belastungsstörung

In der Frauenbewegung gab es schon sehr bald die Einsicht, dass die PTBS nur einen Teil möglicher Traumafolgen widerspiegelt. Vor allem die Leiden von Menschen, die in ihrer Kindheit schwere Gewalt und Missbrauch erlitten hatten, waren umfassender und tiefergehend als die unter der PTBS beschriebenen Leiden. Verschiedene WissenschaftlerInnen bemühten sich deswegen über die letzten Jahrzehnte, angemessenere Beschreibungen für das Erleben ihrer PatientInnen zu finden. Inzwischen haben diese Bemühungen insofern gefruchtet, als zumindest in die ICD-11 (anders als in das DSM-5) die Diagnose der „komplexen posttraumatischen Belastungsstörung“ (kPTBS) aufgenommen wurde.

Vereinfacht in einem Bild erklärt, ist der Unterschied zwischen PTBS und kPTBS folgender: Rufen Sie sich noch einmal den Vergleich mit dem Film in Erinnerung. Bei einer PTBS geht es darum, dass eine Szene unkontrolliert wiederkommt und entsprechende Reaktionen hervorruft. Die Filmszene muss für die Traumaheilung verarbeitet werden. Danach kann - im Bild gesprochen - die DVD mit der Filmsequenz in das Erinnerungsregal eingeordnet werden. Es geht also eher um ein einzelnes Ereignis, das in das ansonsten relativ intakte Ganze (welcher Mensch ist schon völlig „intakt“?) eingeordnet werden soll. Bei der kPTBS ist die Situation komplizierter. Sie ist meist Folge von sich wiederholender, schwerer zwischenmenschlicher Gewalt, wie Folter, Missbrauch oder anhaltender häuslicher Gewalt. Die Folgen sind entsprechend tiefergehend, vor allem wenn die Betroffenen noch Kinder sind. Das Trauma ist dann nicht eine einzelne Szene, die bearbeitet werden und dann zurück ins Erinnerungsregal gestellt werden kann. Es handelt sich bei einer komplexen Traumatisierung um viele Szenen, die durch die Lebensfilme geistern. Sie sind möglicherweise so prägend, dass sie dem ganzen Film ihr Thema aufdrücken. Der Computer für die Bearbeitung funktioniert nicht richtig. Und das Erinnerungsregal, in das die Filme einsortiert werden, wurde entweder noch nicht gebaut oder ist kaputt.

Eine kPTBS reicht in tiefere menschliche Schichten hinab. In der ICD-11 werden als Merkmale zusätzlich zu der PTBS-Symptomatik also noch weitere Folgen beschrieben:

1. Schwierigkeiten in der Gefühlsregulation: Dies meint, dass Emotionen und Impulse von den Betroffenen nur sehr schwer kontrolliert werden können. Es ist möglich, dass heftige Wutausbrüche oder tiefe Niedergeschlagenheit sehr plötzlich und überwältigend auftreten. Diese heftigen Gefühle versuchen Betroffene manchmal durch z. B. selbstverletzendes Verhalten oder das Eingehen extremer Risiken zu regulieren.
2. Negatives Selbstbild: Ein komplexes Trauma prägt sich in tiefe Ebenen des Menschseins ein. Es kann dazu führen, dass sich Betroffene sehr grundsätzlich als wertlos und abgelehnt empfinden. Sind die Täter die eigenen Eltern oder andere nahestehende Menschen, sind die zerstörerischen Auswirkungen auf das Selbstbild häufig noch gravierender. Ein betroffenes Kind kann sich fragen: „Was muss ich für ein furchtbares Ding sein, dass sogar meine Eltern so furchtbare Sachen mit mir machen?“ Mit dem Trauma sind dann intensive Gefühle von Versagen, Scham und Schuld verbunden.
3. Große Probleme in zwischenmenschlichen Beziehungen: Vor allem bei Gewalt durch Menschen aus dem nahen sozialen Umfeld wird Vertrauen missbraucht und ge-

brochen. Die Erfahrung, dass die Menschen, die einem am nächsten stehen, gleichzeitig die gefährlichsten sein können, hinterlässt Spuren in der Fähigkeit zu vertrauen. Dies kann zu einem extremen Kontrollbedürfnis führen oder die Fähigkeit, sich anderen Menschen nahe und verbunden zu fühlen, stark einschränken. Nicht vertrauen zu können ist in einer Gefahrensituation womöglich ein wichtiger Schutzmechanismus. Doch sobald die Gefahr vorüber ist, kann es sehr belastend sein. In Folge zerbrechen die Beziehungen zu anderen Menschen häufiger oder sind zumindest sehr starken Schwierigkeiten ausgesetzt.

Auch für die kPTBS gilt, dass sie keine Momentaufnahme beschreibt, sondern erst diagnostiziert wird, wenn die Symptome über längere Zeit anhalten und in verschiedenen Bereichen des Lebens starkes Leiden verursachen.

## Dissoziation

Der Begriff „Dissoziation“ leitet sich von dem lateinischen Wort „dissociare“ ab, das übersetzt „trennen“, „spalten“, „auflösen“ oder „entzweien“ bedeutet. Der Begriff wird in der Traumaforschung sehr unterschiedlich und breit verwendet. Es handelt sich dabei auch nicht um eine eigene Diagnose wie PTBS oder kPTBS. Vielmehr werden verschiedene Symptombilder unter dem Begriff zusammengefasst, die in vielen Fällen auch Traumafolgen beschreiben können. Es gibt auch wissenschaftliche Ansätze, die alle Traumafolgen als verschiedene Grade der Dissoziation beschreiben.

Wie von der lateinischen Wortbedeutung her ersichtlich, geht es um verschiedene Abspaltungsphänomene. Sehr wahrscheinlich auch als eine Möglichkeit des Selbstschutzes können in der menschlichen Psyche unter extremer Belastung bestimmte Elemente abgetrennt werden. So können zum Beispiel Teile des Gedächtnisses abgespalten werden, die dann dem Bewusstsein nicht zugänglich sind. Es kann also sein, dass jemand etwas Traumatisches erlebt hat, sich aber schlichtweg nicht daran erinnern kann. Vielmehr ist die Erinnerung abgespalten, was als psychischer Schutzmechanismus vor unerträglichen Gedächtnisinhalten verstanden werden kann. Die Filmsequenz wurde herausgeschnitten, eben weil sie so schrecklich ist.

Ebenso werden unter dissoziative Phänomene auch die „Depersonalisation" und die „Derealisation" gefasst. Depersonalisation meint, dass sich ein Mensch abgetrennt von sich selbst fühlt und sich zum Beispiel während eines traumatischen Ereignisses wie von außen selber beobachtet. Derealisation wird als ein Abgelöst-Sein von der Realität erlebt, die unwirklich, schemenhaft und irreal erscheint. Die normalen Bewusstseinsfunktionen fallen auseinander. Vor allem Depersonalisation und Derealisation können während eines traumatischen Ereignisses auftreten, sich jedoch auch als dessen Folgen verfestigen. Wie andere Traumafolgen auch sind sie während einer traumatischen Situation ein wichtiger Schutzmechanismus. Sofern die Folgen aber darüber hinaus im Alltag anhalten, kann dies für die Betroffenen sehr leidvoll sein.

Wenn Menschen sehr früh in ihrem Leben schwere Gewalt erleiden, kann dies zu Abspaltungsprozessen bis in das

Zentrum der Identität hinein führen. Bei einer dissoziativen Identitätsstörung spaltet sich ein Mensch in multiple Persönlichkeitsanteile auf. Die Anzahl der Persönlichkeitsanteile, deren Lebensalter, Erinnerungen, psychische Strukturen und Verhältnis zueinander kann sich dabei bei den jeweils einzelnen betroffenen Menschen stark unterscheiden. Auch dies kann als ein Schutzmechanismus verstanden werden, da oft nur einige der Persönlichkeiten von den unerträglichen traumatischen Ereignissen wissen. Andere Persönlichkeiten können unabhängig von dieser Last für die Bewältigung des weiteren Lebens kämpfen und sind dabei von den traumatischen Erinnerungsfragmenten abgeschirmt. Gleichzeitig stellt diese Aufteilung des Selbst und der Bewusstseinsfunktionen die Betroffenen oft vor große Herausforderungen.

In der Abfassungszeit der Bibel und bis in die Neuzeit konnten solche und ähnliche Phänomene als dämonische Besessenheit gedeutet werden. Es wurde erkannt, dass mehr als eine Person im Körper eines Menschen steckten und der Mensch unter irgendetwas sehr stark litt. Es fehlte zu dieser Zeit allerdings noch das Wissen über Traumata, wie wir es heute zur Verfügung haben.

### Weitere Traumafolgen

Mit den benannten Traumafolgen ist nur ein Teil und dieser auch nur oberflächlich abgedeckt. Traumata können sich im Leben Betroffener noch auf viele andere Weisen zeigen. Dazu abschließend noch zwei Bemerkungen:

Die obigen Darstellungen orientieren sich erstens am ICD-11 und damit an Volldiagnosen. Es kann aber sein, dass die einzelnen Symptome, die eine Person hat, die Diagnoseschwelle nicht überschreiten. Ein Mensch kann einzelne Symptome einer kPTBS aufweisen, andere aber nicht; also zum Beispiel immer wieder von intensiven Gefühlen von Scham oder Schuld überwältigt werden, in seinen zwischenmenschlichen Beziehungen aber recht stabil sein.

Zweitens gibt es verschiedene psychische Krankheitsbilder, die nicht notwendig durch Traumata bedingt sein müssen, durch diese allerdings stark begünstigt werden. So kann zum Beispiel Alkoholabhängigkeit oder anderes Suchtverhalten ganz andere Ursachen haben. Sie kann jedoch auch durch Traumata mitbedingt sein, zum Beispiel wenn Alkohol genutzt wird, um die belastenden Trauma-Symptome zu betäuben. Zu diesen Krankheitsbildern, die oft mit Traumata in Verbindung gebracht werden, gehören neben dem genannten Beispiel der Süchte unter anderem noch Depressionen, Suizidalität und Essstörungen. Zum Teil handelt es sich dabei um Reaktionen, die aus der Erfahrung des Traumas heraus nicht nur verstehbar, sondern auch verständlich sind.

Die genannten Krankheitsbilder können entweder zusammen mit z. B. einer PTBS auftreten oder auch unabhängig von ihr.

### Wann ist Gewalt traumatisierend?

Viele Menschen haben Situationen erlebt, die möglicherweise traumatisch sind. Aber nur ein Teil von ihnen entwickelt im Anschluss daran - manchmal auch erst Jahre später - handfeste Traumafolgen. Woran liegt das?

PsychotraumatologInnen gehen hier in den meisten Fällen von einem Zusammenspiel ganz unterschiedlicher Faktoren aus, die zeitlich vor, während oder nach dem Trauma liegen.

Menschen bringen unterschiedliche Voraussetzungen mit, um potentiell traumatische Ereignisse so zu verarbeiten, dass die Folgen nicht anhaltend sind. Zu diesen Voraussetzungen (nur einige können hier genannt werden) gehört zum Beispiel, wie eine Person sozial integriert ist, also welchen Rückhalt durch Mitmenschen er oder sie besitzt. Wir Menschen sind soziale Wesen und können schreckliche Ereignisse besser verarbeiten, wenn wir dabei von anderen unterstützt werden. Gewalt in Familien ist auch deswegen so traumatisch, weil eben die Menschen, die meist das wichtigste Unterstützungsnetzwerk bilden, oft entweder die Gewalt verüben, wegsehen oder selber betroffen sind.

Die psychische Verfasstheit spielt ebenfalls eine wichtige Rolle. Hier sind z. B. Genetik, Persönlichkeitsstruktur und Gesundheit wichtig. Menschen haben psychisch unterschiedliche Konstitutionen. Manche Menschen sind widerstandsfähiger als andere. Wichtig ist dabei auch, ob jemand schon früher Traumatisches erlebt hat. Statt zu einer Abhärtung zu führen, erhöht dies nämlich tendenziell die Verwundbarkeit. Schließlich spielt der ökonomische Faktor eine Rolle, vor allem wenn es darum geht, Hilfe in Anspruch zu nehmen. Hier haben z. B. Menschen ohne Ausweispapiere deutlich schlechtere Möglichkeiten als andere, die in das jeweilige Gesundheitssystem eingebunden sind.

Weiterhin gibt es Faktoren, die das Ereignis selbst betreffen. Nur weil ein solches möglicherweise traumatisch sein kann, heißt das nicht, dass alle derartigen Ereignisse dies in der gleichen Weise sein können. So ist zum Beispiel schwere zwischenmenschliche Gewalt mit einer höheren Wahrscheinlichkeit traumatisch als Naturkatastrophen oder Unfälle. Dies verstärkt sich noch einmal, wenn die Gewalt von Vertrauens- und Bindungspersonen verübt wird.

Besonders traumatisch ist sexuelle Gewalt. Sie greift die Identität und das Selbst auf tiefe Weise an. Entsprechend ist das Risiko für anhaltende Traumafolgen um ein Vielfaches erhöht.

Auch spielen Dauer und Häufigkeit der Gewalt eine zentrale Rolle. Je länger die Gewalt anhält und je öfter sie sich wiederholt, desto schwerwiegender sind wahrscheinlich ihre Auswirkungen. Auch dies ist ein Grund, warum Gewalt in Familien komplexe Traumatisierungen begünstigt. Täter und Opfer teilen über lange Zeit hinweg den gleichen Lebensraum. Hilfe von außen ist unwahrscheinlich. Zudem wenden Täter oder Täterinnen meist Zwang und Erpressung an, um das Schweigen der Opfer sicherzustellen. So wird deren Isolation weiter verstärkt.

Schließlich gibt es mehrere Faktoren, die nach dem potentiell traumatischen Ereignis Einfluss darauf haben, wie gut oder schlecht das Geschehene verarbeitet werden kann. Auch hier geht es vor allem um soziale Unterstützung. Diese ist für Opfer von Gewalt in Familien allerdings oft schwer zu erhalten, zumal die Täter in den meisten Fällen deutlich mehr Macht im sozialen System besitzen. Weitere Fälle von Gewalt oder andere belastende Ereignisse wirken sich ebenfalls negativ auf die Traumaverarbeitung aus. Bildlich entspricht dies einem Haus, das beim Wiederaufbau nach einem Erdbeben von einem erneuten Beben erfasst wird. Auch ist wichtig, ob das Opfer von Gewalt das Erlebte mit einer anderen Person teilen kann oder es für sich behalten muss. Dabei spielt die hochgradige Tabuisierung von Gewalt in Familien und vor allem sexueller Gewalt eine große Rolle. Für Opfer ist es sehr schwer, das Schweigen zu brechen. Es muss davon ausgehen, dass das Umfeld das unerträgliche Geschehen lieber verdrängen will. Auch in der Geschichte von Tamar spricht Absalom zu ihr: „Nun denn meine Schwester, schweige! Er ist dein Bruder. Du sollst dir diese Sache nicht so zu Herzen nehmen." (2. Sam 13,20) Verdrängung prägt auch seine Reaktion.

## Von Trauma zu Trauma

Zu der großen Schwere und Tragik von Traumata gehört, dass sie sich oft fortsetzen oder wiederholen; sei dies im eigenen Leben oder auch im Leben anderer. Dies kann auf unterschiedlichem Wege geschehen.

Für Traumata infolge von Gewalt lassen sich diesbezüglich tragische Zusammenhänge beobachten. Kinder, die Gewalt zwischen ihren Eltern miterleben müssen, erleben mit einer vielfach (die angeführte Studie spricht von mehr als zwölffach) höheren Wahrscheinlichkeit auch selbst Gewalt durch diese.[4]

Frauen, die als Mädchen sexuellen Missbrauch erlebt haben, können im Erwachsenenalter mit erhöhter (die angeführte Studie spricht von einer vierfach höheren) Wahrscheinlichkeit wieder Opfer sexueller Gewalt werden. Dies gilt noch einmal stärker dann, wenn die Gewalt von Familienmitgliedern ausgeübt wurde.[5]

Traumata können auch auf andere Weise über die Generationen hinweg übertragen werden. Viele PsychotraumatologInnen haben gute Argumente, dass die Auswirkungen bis in die Genetik hinein reichen.

Doch auch unabhängig von der Genetik kann gezeigt werden, wie sich die Gewalt gegen eine schwangere Mutter auch auf das Kind auswirkt. Dies ist nicht nur durch tatsächliche, äußere Verletzungen möglich. Auch der extreme Stress, den die Mutter durchlebt, kann sich auf das Kind in ihrem Bauch auswirken und dessen Fähigkeiten zum Umgang mit Stress negativ beeinflussen.[6]

## Die Vernarbung der Wunden

Die Auswirkungen traumatischer Ereignisse können zweifellos sehr tief sein. Doch auch die menschlichen Selbstheilungskräfte sind enorm. In vielen Fällen können Menschen so selbst potentiell traumatische Ereignisse ohne externe Unterstützung bewältigen. Der Psychotraumatologe Mardi J. Horowitz beschreibt einen solchen Verarbeitungsprozess folgendermaßen: Nachdem ein Mensch eine potentiell traumatische Situation erlebt hat, durchlebt er im Anschluss daran mit dieser Situation verbundene Gefühle wie Angst, Wut oder Trauer. Danach folgt eine Phase, in welcher die Erinnerungen teils als Intrusionen (also hineindrängende Erinnerungsfragmente) wiederkehren und immer wieder verdrängt werden. Es entsteht eine Art von Pendelbewegung, in welcher sich die Psyche zwischen Erinnerung und Vermeidung hin- und herbewegt. Schließlich wird das Ereignis in einer weiteren

Phase anerkannt und integriert und der Lebensweg im Anschluss daran fortgesetzt.[7]

Es kann auch sein, dass eine solche natürliche Verarbeitung nicht möglich ist und sich einige der beschriebenen Traumafolgen verfestigen. Eine Verarbeitung des Traumas bedeutet nicht, dass das Trauma ungeschehen gemacht werden könnte. Es gibt aber inzwischen gut fundierte Modelle der Traumatherapie, die für Betroffene auf ihrem Bewältigungsweg eine große Hilfe sein können. Die verschiedenen Ansätze stammen aus unterschiedlichsten psychotherapeutischen Richtungen und haben jeweils einen unterschiedlichen Fokus. Gemeinsam ist sehr vielen Therapieansätzen, dass sie den Therapieprozess in aufeinander aufbauende Phasen einteilen. Ein Grundmodell für einen solchen Prozess, das recht repräsentativ ist, wurde von Judith Herman vorgelegt. Sie unterteilt den therapeutisch begleiteten Verarbeitungsprozess in drei Phasen: 1. „Sicherheit", 2. „Erinnern und Trauern" und 3. „Wiederanknüpfung".[8]

1. In der ersten Phase geht es um Sicherheit und Stabilisierung. Um an diesen gemeinsam zu arbeiten, muss eine vertrauensvolle Arbeitsbeziehung aufgebaut werden. Dies bildet in jeder Traumatherapie den ersten Schritt.
   Sicherheit bedeutet sowohl äußere als auch innere Sicherheit. Erstere ist die Grundvoraussetzung für die Verarbeitung eines Traumas. Der menschliche Organismus kann sich erst dann der Verarbeitung einer gefährlichen Situation zuwenden, wenn die Gefahr nicht mehr besteht. Solange eine Frau z. B. mit ihrem misshandelnden Partner zusammenlebt, wird eine Therapie darauf zielen, mög-

lichst hohe äußere Sicherheit herzustellen. Bei weiterhin bestehender akuter Gefahr wäre es möglicherweise sogar kontraproduktiv, bestimmte Traumasymptome wie Übererregung zu reduzieren, da sie für das Überleben in der jeweiligen Situation eine wichtige Funktion haben können.

Wenn äußere Sicherheit möglichst weit hergestellt ist, bilden innere Sicherheit und Stabilisierung den nächsten Schritt. Dabei geht es darum, dass Betroffene ein möglichst hohes Maß an psychischer Kontrolle wiedergewinnen und die gravierendsten Traumasymptome reduziert werden. Hierbei sind Psychoedukation, Skilltraining und die Aktivierung von Ressourcen zentral. Bei Psychoedukation geht es darum, dass Betroffene nachvollziehen können, warum die menschliche Psyche nach einem traumatischen Ereignis entsprechende Reaktionen zeigt. Skilltraining gibt konkrete Fähigkeiten an die Hand, mit den entsprechenden Traumasymptomen umzugehen. Bei der Aktivierung von Ressourcen wird möglichst alles aufgerufen, was den Menschen stärkt und Kraft für die Bewältigung des Traumas zur Verfügung stellt.

2. Die zweite Phase stellt Erinnern und Trauern in ihr Zentrum. Wichtig ist, dass die erste Phase damit nicht vollkommen abgeschlossen ist. Die Arbeit an Sicherheit und Stabilisierung bleibt eine fortwährende Notwendigkeit. In der zweiten Phase geht es aber stärker darum, die traumatische Erfahrung durchzuarbeiten. In vielen Therapierichtungen gehört zu dieser Phase die Traumaexposition. Die traumatische Erfahrung wird also nach und nach behutsam aufgedeckt und möglichst verarbeitet.

In dieser Phase kann auch betrauert werden, was durch das Trauma zerbrochen oder verlorengegangen ist. Dies ist in den meisten Fällen ein sehr schmerzhafter Prozess. Die Versuchung kann groß sein, ihn durch Vergebungsphantasien oder die Suche nach einer schnellen Heilung umgehen zu wollen. Zwielichtige Akteure aus dem Feld von Religion und Spiritualität machen hier Angebote, die letztlich kontraproduktiv sind. Denn die Trauer ist schwer und schmerzhaft, für die innere Heilung aber notwendig.

3. Wie auch die Phase der Sicherheit und Stabilisierung ist die Phase des Erinnerns und Trauerns nie ganz abgeschlossen. Auch nach vielen Jahren können Aspekte des Traumas neu aufbrechen. Nachdem das Trauma zumindest für die aktuelle Lebenssituation akzeptiert und integriert ist, kann sich ein therapeutischer Prozess der Wiederanknüpfung zuwenden. Wobei der Begriff voraussetzt, dass es ein „gutes Vorher“ gibt, an das wieder angeknüpft werden kann. Vor allem für Menschen, die sehr früh Gewalt erlebt haben, ist das nicht so. Hier geht es nicht um ein Wiederanknüpfen, sondern einen harten Neuaufbau. Vieles ist durch das Trauma anders geworden und muss nun neu entwickelt werden. Soziale Beziehungen, Selbstbild, Lebenspläne, Weltbild und Glauben müssen nach dem Trauma womöglich verändert rekonstruiert werden. Der Blick wendet sich aus der Vergangenheit wieder der Zukunft zu. Betroffene bauen sich in der dritten Phase mit all dem, was sie gelernt haben, ihr Leben neu auf. Sie knüpfen neue und tiefere Beziehungen und können womöglich zu einem Glauben finden, in den das Erlebte integriert werden kann. Ist die Wiederanknüpfung fort-

geschritten, beginnen manche aus der wiedergefundenen Stärke heraus, ihre Lebensgeschichten aufzuschreiben oder sich für andere Menschen in Notlagen einzusetzen. Sie engagieren sich, denn sie haben viel gelernt und durch das Erlebte eine höhere Sensibilität für ihre Mitmenschen.

Verschwunden ist das Trauma allerdings nicht. Das Dreiphasenmodell beschreibt einen Weg, der nicht für alle möglich ist. Je stärker die Traumatisierung, desto intensiver wird sie das weitere Leben prägen. Durch Therapie und Begleitung ist aber immer zumindest ein Mehr an Lebensqualität möglich.

Die Bibel erzählt die Geschichte von Josef.[9] Über sein Leben hinweg erlebte er immer wieder Traumatisches. Einige seiner Brüder versuchten ihn zu töten, rissen ihm seine Kleider vom Leib und warfen ihn in eine dunkle Grube. Später verkauften sie ihn wie einen Gegenstand in die Sklaverei. Als er bei einem ägyptischen Beamten arbeitete, war dessen Frau gegenüber Josef immer wieder sexuell übergriffig. Dann nutzte sie ihre Machtstellung aus, um Josef unter falschen Vorwürfen ins Gefängnis werfen zu lassen. Josef erlebte immer wieder Freiheitsverlust und Heimatlosigkeit. Mehrmals war er dem Tod näher als dem Leben. Doch er gab nicht auf. Er hörte nicht auf, nach Gott zu fragen. Seine Phantasie, seine Intelligenz und Anpassungsfähigkeit waren wichtige Ressourcen. Am Ende konnte er auf ein gesegnetes Leben zurückschauen.

Die Josefsgeschichte beschreibt einen Weg, der Hoffnung macht. Vielleicht war ja der weitere Lebensweg von Tamar dem von Josef gar nicht so unähnlich.

## 3. Spirituelle Traumaspuren - Wunden, die den Glauben zeichnen

Ein Trauma zeichnet sich nicht nur in den Körper, die Gefühle und die Beziehungen ein, sondern oft auch in den Glauben. Ein Trauma kann zum Beispiel nicht nur das Selbst- und Weltbild, sondern auch das Gottesbild erschüttern. Wie kann ein liebender und allmächtiger Gott so etwas Grausames zulassen? Wo war Gott, als ich ihn am meisten gebraucht habe?

Vieles von dem, was ein Mensch über den christlichen Glauben gehört und gedacht hat, kann durch ein Trauma an Plausibilität verlieren. Die Frage nach dem allmächtigen Gott und dem eigenen Leid ist aber nur eine mögliche Traumaspur im Glauben.

Im vorhergehenden Kapitel wurde gesagt, dass zu möglichen Traumafolgen ein sehr negatives Selbstbild gehört. Betroffene fühlen sich oft schuldig an der Gewalt und bezichtigen sich selbst. Häufig kommen dazu Schamgefühle oder das Empfinden, unwiederbringlich beschädigt zu sein. Es gibt Aspekte des christlichen Glaubens, die ein positives Gegengewicht bilden können. Es gibt auch andere, die ein negatives Selbstbild verstärken können. Ein Beispiel dafür ist ein bestimmtes Verständnis von Sünde. Diese wird von manchen - und Vertreter davon finden sich in jeder Konfession - so verstanden, als seien Menschen vor Gott vor allem schmutzig und mangelhaft. Das negative Selbstbild bekommt zusätzlich eine religiöse Dimension. Betroffene müssen dann auch noch mit einem mächtigen Richter-Gott umgehen, der sie verachtet und verurteilt.

Ein Beispiel für ein mögliches Gegengewicht ist die Aussage, dass jeder Mensch Ebenbild Gottes ist. Diese Aussage steht am Anfang der Bibel und ist auch die Grundlage für das christliche Menschenbild. Ebenbild sein bedeutet so viel wie König oder Königin sein. Also Respekt zu verdienen und geachtet zu sein. Ebenbildlichkeit bedeutet, eine unverlierbare Würde zu haben. Was auch immer in einem Menschen durch die Gewalt zerbrochen ist, er trägt etwas von Gott in sich, das unzerstörbar und deswegen auch heil geblieben ist.

Schon an diesen Beispielen wird deutlich, dass die Frage nach spirituellen Spuren von Traumata uns auf zentrale Glaubensthemen stößt. Und es wird ebenfalls klar, dass die Antwort auf die Frage, welche Rolle Glaube in der Bearbeitung von Traumata spielt, bei Menschen sehr unterschiedlich sein kann.

Stellen wir uns den Themenbereich Trauma und Religiosität wie eine Landschaft vor. Am Anfang geht es erst einmal darum herauszufinden, wie viel wir von ihr schon kennen. Hierbei gibt es sehr große Unterschiede. Manche Gebiete sind sehr gut bekannt, und es lassen sich entsprechend sichere Aussagen über Zusammenhänge zwischen Religion und Traumata machen. Andere Gebiete wurden bisher nur teilweise erkundet oder die Erkundungen wegen unzureichender Forschungsinstrumente nur sehr lückenhaft dokumentiert. Die Erschließung einer solchen Landschaft steht tendenziell noch am Anfang. Vor allem im deutschsprachigen Raum liegt das auch daran, dass es große Berührungsängste zwischen Theologie und Psychologie gibt. So bleibt dieses

Forschungsgebiet, das überaus wichtig wäre, leider häufig unberührt. Immerhin ist inzwischen schon so viel bekannt, dass auf einige wichtige Fragen eingegangen werden kann. Dies kann Betroffenen, Seelsorgenden oder Interessierten helfen, sich in dieser Landschaft zu orientieren und die Beobachtungen mit den eigenen Erfahrungen abzugleichen.

Statt im Folgenden detailliert auf Studien einzugehen, wollen wir uns anhand von wichtigen Fragen durch das Themenfeld bewegen. In den Antworten auf die Fragen sind wichtige Studienergebnisse zusammengefasst. Auch wenn traumatische Erfahrungen und Glaube je für sich und umso mehr in der Zusammenschau etwas sehr Individuelles bleiben, lassen sich doch einige rote Fäden erkennen.

Im Folgenden werden die Begriffe Religiosität, Glaube und Spiritualität viel verwendet. Es geht dabei vor allem um deren Verwendungsweise im christlichen Kontext. Dabei meint „Glaube" eher die Innenperspektive und „Religion/Religiosität" eher die Außenperspektive, Spiritualität kann beides umfassen. Wichtig ist, dass es sich in diesem Buch dabei um verschiedene Perspektiven auf ähnliche Phänomene handelt.

## Verliert ein Mensch durch ein Trauma den Glauben?

„Den Glauben an Gott und die Menschen verlieren" lautet eine sprichwörtliche Reaktion auf ein schreckliches Ereignis. Der Gedanke dahinter ist klar: Es gibt Geschehnisse, die so furchtbar sind, dass Menschen nicht mehr an Gott glauben können. Das erlebte Leid und der Gottesglaube passen nicht zusammen. Auch in Folge von persönlich erlebter Gewalt ist es möglich, dass nicht nur das Vertrauen zu Menschen, sondern auch auf Gott zerbricht. Entsprechend finden sich in den Studien Belege, die in diese Richtung weisen. Es gibt bestimmte Aspekte im Glauben, vor allem wie er in der Kindheit vielleicht vermittelt wurde, die für eine Auseinandersetzung mit dem Abgründigen in der Welt nicht tragfähig sind. Hinzu kommt die Frage nach dem Vertrauen in die Welt und Gott als deren Schöpfer. Zerbricht dieses Vertrauen, lässt es sich nicht einfach wiederherstellen, mögen es Betroffene auch noch so sehr wollen und versuchen. Die Welt wird nicht als sinnvoll geordnet erlebt, und man selbst ist darin nicht gut aufgehoben. Die Vorstellung, dass die Welt von einer guten Schöpfungsmacht so gewollt wurde, ist nicht glaubwürdig, geschweige denn, dass diesem erschaffenden Gott selbst vertraut werden könnte. Es kann also geschehen, dass Menschen durch ein Trauma ihren Glauben oder zumindest einen Teil davon verlieren, sei es für eine bestimmte Zeit ihres Lebens oder auch bis zu dessen Ende.

Die Vorstellung, dass durch ein Trauma der Glaube irgendwie verloren geht, ist besonders für Außenstehende häufig die schlüssigste Konsequenz. Die Studien weisen darauf hin, dass aber nur ein relativ kleiner Teil der Betroffenen mit dem Thema Religion und Glauben bricht. Im Gegenteil ist es ebenso möglich, dass sich Betroffene aus der Erfahrung des Traumas heraus diesem Bereich verstärkt zuwenden. So kann es sein, dass sowohl die Zustimmung zu Glaubensinhalten steigt, als auch eine konkrete Glaubenspraxis sich verstärkt. Es gibt Situationen des Leidens, in denen Menschen sich ausstrecken nach etwas Größerem. Wenn die Lage hoffnungslos erscheint, beginnt die Suche nach einer Macht, die doch noch helfen kann. Wenn die Welt und das eigene Seelenleben unsicher geworden sind, können sich Menschen innerlich nach etwas sehnen, das dennoch Sicherheit und Halt gibt.

Falls Sie bisher die Chance hatten, etwas in der Welt herumzureisen, haben Sie vielleicht eine sehr ähnliche Dynamik feststellen können. Immer wieder sagen Menschen im wohlhabenden Westen, dass sie wegen des Leidens in der Welt nicht an Gott glauben können. Befindet man sich aber in einem Land, in dem es aufgrund von Hunger, Armut oder Gewalt sehr viel Leiden gibt, wird man häufig feststellen, dass die Menschen dort sehr religiös sind. Das liegt an unterschiedlichen Gründen. Ich denke, ein wichtiger davon ist, dass erfahrene Not die Frage nach Gott wachhalten kann. So findet sich bei Menschen, die in ihrem Leben viel gelitten haben, oft ein viel tieferer Glaube, als das bei anderen Menschen der Fall ist, denen es im Leben immer gut ging. Sie fragen sich vielleicht, warum ich das an dieser Stelle ausführe. Ich mache es deswegen, weil hier etwas sehr Wichtiges sichtbar wird: Es gibt das Bild, als seien die Kirche hier und die Betroffenen dort. Als sei die Gemeinschaft der Gläubigen hier und die, deren Glauben doch wahrscheinlich zerbrochen ist, stehe ihr enttäuscht und abgewandt gegenüber. Auch wenn diese Perspektive oft nicht ignorant gemeint ist, ist sie hochproblematisch. Zum einen, weil sie die Betroffenen ausgrenzt und ihnen damit Unrecht tut. Zum anderen, weil sie die enorme theologische Kompetenz der Betroffenen nicht ernst nimmt. Aus der Erfahrung schweren Leidens heraus leben viele ihre eigene Glaubensreise sehr intensiv und denken über fundamentale Fragen nach. Sie haben damit anderen Gläubigen sehr viel zu geben. Ich habe von Betroffenen schon häufig Gedanken gehört oder Texte gelesen, die eine solche spirituelle und theologische Tiefe haben, wie sie sich bei Kirchenverantwortlichen oder TheologieprofessorInnen sehr viel seltener findet. Betroffene, die keine Theologie studiert haben, betreiben manchmal eine existentielle Theologie aus der Mitte ihres eigenen Lebens heraus. Sie haben etwas Wichtiges über Menschen und über Gott zu sagen.

Ein Mensch verliert durch ein Trauma also nicht einfach seinen Glauben, es ist ebenso möglich, dass dieser sich intensiviert. Es lässt sich nicht von vornherein sagen, welche der beiden Auswirkungen Menschen eher erleben werden. Und es sind auch Mischungen denkbar. Es kann sein, dass eine Betroffene nach einem traumatischen Ereignis die Vorstellung von einem allmächtigen Gott ablehnt, aber Gebet und Meditation als etwas erlebt, das in Stresssituationen hilft und deswegen intensiver praktiziert wird. Ebenso ist es möglich, dass es Veränderungen in verschiedenen Lebensphasen gibt. So kann es sein, dass ein Mensch nach einem traumatischen Ereignis seine bisherigen Glaubensvorstellungen als unplausibel empfindet, jedoch Jahre später dann Aspekte daran entdeckt, die als wahr und tragfähig erlebt werden. Ebenso ist es möglich, dass sich jemand nach einem Trauma Unterstützung in einer religiösen Gemeinschaft sucht. Wenn diese allerdings für die Thematik nicht sensibilisiert ist und keine Unterstützung bietet, kann die Person dieser Gemeinschaft und deren Glaubenssystem später wieder den Rücken kehren. Bei der Frage nach Veränderungen in der persönlichen Religiosität über längere Zeiträume stoßen wir in der Landschaft von Glauben und Trauma auf eines der Gebiete, die noch sehr wenig erschlossen sind. Es finden sich kaum Langzeitstudien, anhand derer sich konkrete Verläufe nachvollziehen lassen.

Insgesamt ist es auch nicht so, dass es immer Veränderungen geben muss. Häufig ist es in Studien so, dass eben die Gruppen, bei denen sich Abweichungen finden, besonders viel Aufmerksamkeit auf sich ziehen. Die Befragten allerdings, bei denen die in der Studie abgefragten Werte stabil bleiben, erscheinen häufig weniger interessant. An dieser Stelle ist es wichtig zu erwähnen, dass eben solche Studien, die nicht einzelne mögliche Veränderungen näher betrachten, sondern eher Religiosität insgesamt zu messen suchen, bei Betroffenen und Nicht-Betroffenen sehr ähnliche Werte ausmachen. Es ist also im Mittel davon auszugehen, dass Glaube ein Thema für Betroffene und Nicht-Betroffene gleichermaßen bleibt.

Es ist deswegen wichtig, sich nicht zu sehr auf die Frage zu fokussieren, ob Menschen durch ein Trauma nun den Glauben verlieren oder dieser sich durch ein Trauma intensiviert. Es ist demgegenüber weiterführend, den Blick auf verschiedene Veränderungsprozesse zu richten, die Betroffene durchleben können.

### Wie verändert ein Trauma den Glauben?

Auch hier gilt wieder, dass keine pauschalen Aussagen sinnvoll sind. Außerdem wird es bei vielen Menschen unterschiedliche Lebensphasen mit einem je unterschiedlichen Verhältnis zum Thema Religion geben.

Verschiedene Studien betrachten Glauben als eine Beziehung zu Gott, die durch das Erleben von Gewalt nachhaltig gestört wird. Ein sehr zentrales Thema ist dabei Vertrauen: Viele Betroffene berichten, dass es ihnen große Schwierigkeiten macht, Gott zu vertrauen. Im vorhergehenden Kapitel ging es darum, dass ein traumatisches Ereignis das Vertrauen in andere Menschen schwer erschüttern kann. Das ist verständlich. Vertrauen basiert auf den bisher gemachten Erfahrungen. Waren unter diesen schreckliche Erlebnisse, hat das Auswirkungen. Denn Vertrauen bedeutet immer auch Verletzlichkeit. Vertrauen bedeutet, ein Stück Kontrolle über die Situation aufzugeben und sich dadurch angreifbar zu machen. Hat jemand erlebt, dass eine Person Vertrauen aufgebaut hat, um es dann brutal zu missbrauchen, gehört das zu den schlimmsten Erfahrungen, die ein Mensch machen kann. Es ist dann ein natürlicher und guter Schutzreflex, nicht zu vertrauen. In gefährlichen Situationen ist Misstrauen ein wichtiger Überlebensmechanismus, der vor Schaden bewahren kann. Wieso die Kontrolle aufgeben, wenn das so gefährlich sein kann?

Ein solches Verhalten ist in gefährlichen Situationen normal und gut. Wie es aber auch mit anderen Schutzreflexen der Fall ist, können sie im normalen Alltag zu Schwierigkeiten führen. Denn Menschen sind soziale Wesen und können nur in Gemeinschaft mit anderen Menschen überleben. Damit wir Beziehungen als erfüllend erleben, müssen wir vertrauen. Um unseren Alltag zu bewältigen, müssen wir es ebenso. Und wer nicht in missbräuchlichen Beziehungen lebt, ist ja auch meist in Sicherheit.

Nun ist ein Trauma ein Schrecken, der eben nicht weiß, dass er vergangen ist. Das Empfinden von Gefahr und die Reaktionen darauf bleiben gegenwärtig. Das Misstrauen, das in möglicherweise lebensbedrohlichen Situationen ein großer Segen ist, kann im Alltag zum Fluch werden. Gleichzeitig erfüllt es in der Wirklichkeit, wie sie von der betroffenen Person aufgrund ihrer bisherigen Erfahrungen erlebt wird, eine wichtige Funktion: so sehr wie möglich für die eigene Sicherheit zu sorgen.

Diese kleine Abschweifung in den Bereich des Zwischenmenschlichen ist auch für die Frage nach spirituellen Traumaspuren wichtig. Denn aus christlich-theologischer Perspektive leben wir Menschen in Beziehung zu uns selbst, zu unserer Welt samt Mitmenschen und zu Gott. Diese drei Beziehungen zu Selbst, Welt und Gott sind eng miteinander verbunden. Ein Ereignis, das eine Beziehung verändert, hat auch Auswirkungen auf die anderen Beziehungen. Was wir mit Gott erleben, wirkt sich auch auf die Beziehung zu uns selbst und unseren Mitmenschen aus. Umgekehrt gilt auch, dass das, was wir mit Welt und Mitmenschen erleben, sich auf die Beziehung zu Gott und uns selbst auswirkt. Betroffene erleben, dass die Welt ein unsicherer und dauerhaft gefährlicher Ort ist, und dass Menschen, die vertrauenswürdig erschienen, sich als brutale Gewalttäter entpuppten. All dies erlebten viele Betroffene schon in der Kindheit, in der sich die Fähigkeit zu vertrauen erst entwickelt und das Weltbild sich nach und nach aufbaut. Wie könnten sich solche Erfahrungen nicht auf den Glauben auswirken? Wieso einem Gott vertrauen, der die Gewalt nicht verhindert hat? Und selbst wenn es positive Glaubenserfahrungen gibt: Ist nicht die gewalttätige Person ebenso vorgegangen und hat erst einmal Vertrauen aufgebaut, bevor sie es dann missbrauchte? Oder es war eben ein verstörender Wechsel: Die Eltern haben brutal zugeschlagen, aber sie haben auch voller Reue getröstet. Eben weil die Beziehungen zu anderen Menschen und die

Beziehung zu Gott eng verwoben sind, können tiefgreifende Vertrauensbrüche anderer Menschen auch das Vertrauen in Gott erschüttern.

Auch hierzu ist wieder ein Doppeltes zu sagen. Das Misstrauen auch in Fragen des Glaubens ist erst einmal zu würdigen, denn es hat eine wichtige Schutzfunktion: Wie das Misstrauen in zwischenmenschlichen Beziehungen davor schützen will, sich vorschnell gegenüber den falschen Menschen verwundbar zu machen, so ist auch Misstrauen im Glauben wichtig. Denn es schützt auch in diesem Bereich davor, sich vorschnell auf jemanden oder etwas einzulassen, der oder das kein Vertrauen verdient. Dazu gehören platte Glaubensvorstellungen, die fromm klingen, doch den Abgründen des Lebens nicht gerecht werden. Dazu gehören auch spirituelle Gedankengebäude, welche die Schuld am Leiden der Betroffenen diesen selber zuschreiben, sei es aufgrund mangelnden Glaubens oder einer nicht vergebenen Sünde. Misstrauen schützt davor, vorschnell Glaubenswege zu beschreiten, die an den wichtigen Fragen und Wunden vorbei in eine geistliche Sackgasse führen.

Neben dieser wichtigen Funktion können Misstrauen und starke Glaubenszweifel für Betroffene auch sehr belastend sein. Wie im Zwischenmenschlichen kann manchmal auch in Glaubensfragen kein Vertrauen wachsen, wo es gefahrlos möglich und hilfreich wäre. Wer schwer vertrauen kann, wird schwieriger Geborgenheit empfinden. Nicht wenige Betroffene wollen glauben, aber können es nicht. Sie verstehen, was Vertrauen auf Gott bedeutet, wissen, dass ihnen das viel schenken würde, doch können den klaffenden Graben einfach nicht überwinden. So verständlich und wichtig also das

Misstrauen in Glaubensfragen ist, so belastend kann es für die Betroffenen sein.

In einer Studie berichteten Frauen mit Missbrauchsvergangenheit, dass sie nicht nur weniger Vertrauen in Gott hatten, sondern sich von Gott auch weniger geliebt und angenommen fühlten. In vielen Studien sprechen die Betroffenen von starken Schuldgefühlen, von Scham und Zorn. Diese Emotionen können sich stark auf das Glaubensleben auswirken. Anhand eines Selbstzeugnisses sei dies näher dargestellt: Vielleicht kennen Sie das Buch „Die Hütte", das sich in einer Geschichte verpackt um die Frage nach Gott und dem Bösen in der Welt dreht und vor einigen Jahren viele Millionen Mal auf der ganzen Welt verkauft wurde. Der Autor William Paul Young wurde als Kind Opfer von sexuellem Missbrauch. Er erzählt in einem Interview, dass er lange Jahre voller Scham war.[10] Infolge dieser Schamgefühle wollte er unbedingt die Zuneigung und Anerkennung anderer Menschen gewinnen. Dies versuchte er durch das Erbringen von Leistung. Aber nicht nur die Zuneigung und Anerkennung anderer Menschen wollte er gewinnen, sondern auch die Gottes. Sein Gottesbild trug starke Züge seines eigenen Vaters. Für William Paul Young war Gott fordernd, wütend, unnahbar und enttäuscht. Durch eigene Leistung wollte er die Zuneigung und Anerkennung dieses Gottes für sich gewinnen. Schuldgefühle und Scham prägten die Gottesbeziehung, und sofern einem solchen Gott nicht Genüge getan werden konnte, wirkten die negativen religiösen Erfahrungen auch wieder auf die eigenen Emotionen zurück. Das Beispiel von William Paul Young wirft eine wichtige Frage auf, nämlich die nach dem Gottesbild. Doch bevor wir uns diese Frage anschauen, ist noch ein kurzer Blick auf die Einflüsse wichtig, die darüber mitentscheiden, wie sich ein Trauma auf den Glauben auswirken kann.

### Was trägt zu einer Veränderung des Glaubens bei?

Im Kapitel über Traumata wurde gezeigt, dass die konkreten Auswirkungen eines traumatischen Ereignisses durch ganz unterschiedliche Faktoren mitbeeinflusst sind. Dies lässt sich auch für die religiöse Dimension eines Traumas feststellen. Auch hier wirken sich unterschiedliche Faktoren auf Veränderungen im Glauben aus. Jedoch kennen wir wahrscheinlich erst einen Teil. Um das Bild von der Forschungslandschaft noch einmal heranzuziehen: es handelt sich um ein Gebiet, das nicht nur wenig erkundet, sondern auch recht schwer zugänglich ist.

Wie bei anderen Traumafolgen auch sind das Lebensalter und die Schwere der Gewalt relevant. Je schwerer die Gewalt und je jünger die Betroffenen, desto wahrscheinlicher die Auswirkungen. Eine Studie zeigt auf, dass für die Veränderungen der Religiosität auch die Frage relevant sein kann, ob die Gewalt von Vater oder Mutter ausging. Denn bei Gewalt durch den Ersteren wandten sich die Betroffenen eher von Religion ab. Die Studienautorin vermutet, dass dies mit der Ablehnung eines Vater-Gottes in Verbindung stehen könnte. Ebenso ist es möglich, dass die Schwere der Gewalt der relevantere Faktor ist, da von Männern verübte Gewalt häufig gravierender ist.[11]

Eine andere Studie nimmt die Religiosität von durch sexuellen Missbrauch betroffenen Frauen in den Blick und bezieht diese besonders auf die Herkunftsfamilie.[12] Dabei zeigt sich, dass Frauen, die in konservativ-christlichen Familien aufwuchsen und dort Missbrauch erlebt hatten, später oft mit ihrer religiösen Herkunft brachen und keine Religion praktizierten. Umgekehrt galt auch, dass Frauen, die Missbrauch in Familien erlebt hatten, in denen keine Religion praktiziert wurde, sich später einer Religion zuwandten. Die Abgrenzung gegenüber der Herkunftsfamilie kann sich also auch in der Religiosität äußern. Eine andere Studie weist darauf hin, dass nicht nur die Religiosität in der Kindheit eine Rolle spielt. Wichtig ist auch, wie stark religiöse Bezugspersonen im aktuellen Umfeld anzutreffen sind. Wenn diese vorhanden waren, intensivierten Betroffene auch häufiger ihre eigene Religiosität.

Insgesamt ist es also ein Bündel von Faktoren, das dazu beiträgt, wie sich traumatische Gewalt auch in den Glauben der Betroffenen einzeichnen kann. Jedoch ist abschließend noch einmal zu benennen, dass dies keine vollständige Liste der Faktoren ist. Hinzu kommt, dass Glaube immer nur teilweise verfügbar ist und sich nicht vollständig wissenschaftlich fassen lässt.

## Ändert sich durch ein Trauma das Bild von Gott?

Der Versuch, Gott zu begreifen, ist wie der Versuch, mit einer Taschenlampe das Weltall auszuleuchten. Es ist unmöglich. Zu groß sind die Weiten des Alls, zu beschränkt ist der Lichtkegel der Lampe. Wir können Gott nicht fassen. Und trotzdem ist in uns Menschen eine Beziehung zu Gott angelegt. Um in dieser Beziehung leben zu können, müssen wir uns also zu dem, was wir nicht fassen können, trotzdem irgendwie verhalten. Wir entwickeln also bewusst oder unbewusst eine Vorstellung von Gott, ein sogenanntes Gottesbild. Gottesbilder sind wichtig, aber immer unvollkommen. Sie können Gott nie ganz fassen, nur auf einzelne Aspekte seines Wesens hinweisen. Aus christlich-theologischer Perspektive können Gottesbilder auch den Blick auf Gott eher verstellen, als etwas Wahres von ihm zu zeigen. In unser Gottesbild gehen ganz unterschiedliche Aspekte ein, zum Beispiel welche Glaubensvorstellungen wir in der Kindheit vermittelt bekommen, was wir in Religionsunterricht und Kirche hören und welche eigenen Glaubenserfahrungen wir machen. Das Gottesbild ist auch mit dem Selbstbild verbunden. Bricht das eine durch ein Trauma zusammen, hat auch das andere womöglich keine Plausibilität mehr. Sehr entscheidend für die Entwicklung des Gottesbildes - wie es auch im obigen Beispiel von William Paul Young sichtbar wird - können unsere primären Bezugspersonen, also meist die Eltern sein. Dies gilt vor allem, wenn wir eine starke religiöse Erziehung durchlaufen haben. Denn durch die Eltern machen viele Menschen in ihrer Entwicklung die intensivsten Erfahrungen, was Vertrauen, Beziehung, Liebe und Verlässlichkeit bedeuten. Diese Erfahrungen sind auch jeweils für die Sprache des Glaubens wichtig. Je nachdem, was wir mit unseren Eltern erlebt haben, kann das auch stark im Gottesbild sichtbar werden.

Natürlich ist hier der Aspekt der Zeit wichtig. Menschen können sich über ihr Leben hinweg von einem bestimmten Gottesbild lösen und ein neues Gottesbild entwickeln, das vielleicht einen besseren Zugang zu Gott ermöglicht. Das Gottesbild ist also nicht einfach eine Summe der Erfahrungen mit den eigenen Eltern, die für den Rest des Lebens festgeschrieben ist. Aber die Erlebnisse mit den primären Bezugspersonen spielen eine wichtige Rolle. Wenn diese von Gewalt geprägt sind, zeichnet sich das sehr wahrscheinlich auch erst einmal in das Gottesbild ein.

Durch die Studien erhärtet sich dies. Das Gottesbild Betroffener ist häufig weniger von Liebe und stärker von Distanz und Kontrolle geprägt. Ebenso wird Gott als ungerecht empfunden. Eine Studie, die sich detaillierter mit Veränderungen im Gottesbild befasst, teilt den Grad der Traumatisierung in vier unterschiedliche Stufen ein.[13] Die Befragten sollten ihrem Gottesbild die Eigenschaftswörter „liebend", „aufmerksam/wachsam", „abwesend" und „zornig" zuordnen. Die Betroffenen der ersten drei Stufen hatten alle diesen Zuordnungen nach ein vergleichbares Gottesbild, bei den Befragten, die schwer traumatisiert waren, gab es allerdings erhebliche Unterschiede. Diese ordneten ihrem Gottesbild sehr selten „liebend", hingegen häufig die Eigenschaften „abwesend" und „zornig" zu. Es ist klar, dass durch ein solches Gottesbild Vertrauen sehr schwierig und häufig weder möglich noch wünschenswert ist.

Eine andere Studie weist darauf hin, dass sich ein positives Gottesbild als Gegenbild zu gewalttätigen Eltern entwickeln kann. Wer einen brutalen irdischen Vater hatte, wendet sich womöglich stärker dem gütigen himmlischen Vater zu. Das Gottesbild ist dann ein Kontrast zum Elternbild.

In den sogenannten qualitativen Studien, in denen meist weniger Personen befragt werden, diese dafür ausführlicher und weniger stark an vorgegebene Schemata gebunden, finden sich ebenfalls wichtige Aspekte. Hier wird ebenfalls die häufig enge Verschränkung von Elternbild und Gottesbild thematisiert. Ein großer Teil der christlichen Traditionen hat sich in patriarchalen Kulturen entwickelt, in denen Männer sehr viel mehr Macht hatten. Dies wirkte sich auch auf die Religion und das Nachdenken über Gott aus. So überwiegen zum Beispiel auch in der Bibel die männlichen Metaphern für Gott, ganz besonders „Vater", „Herr" und „König". Wenn Sie an das zweite Kapitel zurückdenken, wissen Sie, dass Gewalt sehr häufig von Männern verübt wird. Hier liegt ein Problem. Denn wenn Männlichkeit mit Gewalt und Machtmissbrauch verbunden wird, kann ein männlich geprägtes Gottesbild für manche Betroffene kaum auf einen Gott hinweisen, der ganz und gar die Liebe ist. Allerdings ist auch der Weg durch ein weiblich geprägtes Gottesbild hindurch nicht die Patentlösung, selbst wenn dies für einige Betroffene eine wichtige und heilsame Alternative darstellt. Denn auch wenn Frauen und Mütterfiguren sehr viel weniger physische Gewalt verüben, haben sie in Gewaltkonstellationen häufig eine schwache Rolle, greifen nicht ein oder befinden sich in gewollter oder ungewollter Komplizenschaft mit der gewaltverübenden Person. Das Bild des Vaters kann also hochproblematisch sein; in Abstufung kann dies aber für das Bild einer Mutter ebenso gelten.

Einiges von dem Ringen mit dem Gottesbild findet sich in dem folgenden Zitat einer Betroffenen wieder: „Ich glaubte einmal an Gott den Vater und an seinen Sohn Jesus. Wegen meines Vaters habe ich Gott rausgeworfen, obwohl ich sehr religiös bin. Mit Jesus kann ich noch leben. Aber Gott der Vater hat so überwältigende Macht, dass es furchteinflößend ist. Das ist wie zu Hause oder in der Kirche. Deshalb wurde mein Glaube an Gott den Vater völlig zerstört. Ich habe immer noch Schwierigkeiten damit. Ich kann nicht zu Gott beten, obwohl ich so religiös bin. Göttliche Kraft, ich erlebe sie, ich fühle sie. Aber ich habe Angst, sie so zu nennen. Ich kann es einfach nicht."[14]

Häufiger findet sich bei Betroffenen deswegen ein unpersönlicheres Gottesbild. Gott wird eher als Macht oder Kraft gesehen. Ein Gottesbild, das stärker Ideen von Energien und Geist in sich trägt, kann verständlicherweise den Weg zu positiven Glaubenserfahrungen besser ebnen als ein Gottesbild, das zu leicht mit konkreten Menschen verknüpft wird. Im christlichen Glauben findet ein solches Gottesbild auch seine Berechtigung durch den Glauben an den Heiligen Geist. Eine tröstende, nahe Energie, die nicht zu fassen ist.

## Hilft der Glaube bei der Verarbeitung eines Traumas?

Es wurden in diesem Kapitel bisher verschiedene Zusammenhänge zwischen Traumata und Religiosität aufgezeigt. Dabei ging es vor allem darum, auf welche Weise traumatische Erfahrungen den Glauben der Betroffenen verändern können. Die in diesem Abschnitt gestellte Frage dreht die Perspektive allerdings um und fragt, ob nicht auch der Glaube das Trauma verändern kann. Also beispielsweise indem er hilft, es besser zu verarbeiten.

Nun können Studien in unserem Bereich nur sehr selten direkte Wirkweisen belegen. Sie können allerdings Zusammenhänge aufzeigen. Diese können Wirkweisen nahelegen, wenn auch nicht beweisen.

Eine Studie sieht zum Beispiel Zusammenhänge zwischen einem positiven Gottesbild und weniger ängstlichen, wütenden oder depressiven Stimmungen. An diesem Beispiel lässt sich zeigen, dass Wirkweisen in beide Richtungen plausibel sind. So macht es tatsächlich Sinn, dass das Bewusstsein für die Gegenwart eines fürsorglichen und guten Gottes negative Stimmungen abmildert. Ebenso ist es auch umgekehrt plausibel, dass jemand, der seltener negative Emotionen erlebt, ein positiveres Gottesbild entwickelt.

Im Feld von Traumata und Religiosität gibt es zahlreiche Studien, die eine bessere mentale Gesundheit und Religiosität in einen Zusammenhang bringen. Spielte im Leben der christliche Glaube eine Rolle, war dies im Durchschnitt mit einer Abmilderung traumatischer Symptome verknüpft. Bei diesen Symptomen handelte es sich vor allem um depressive Symptomatik und ein negatives Selbstbild. Betroffene hatten höhere Werte für Selbstwertgefühl und Selbstvertrauen. Einige andere Studien belegen ebenfalls eine Verknüpfung von Religiosität und unterschiedlichen Anzeichen für mentale Gesundheit. Nach diesen Studien kann der Glaube also tatsächlich eine Komponente sein, die bei der Verarbeitung eines Traumas sehr hilfreich ist. In der Fachsprache wird gesagt, dass Religion also eine Ressource im Umgang mit Traumata sein kann. Gleichzeitig ist es wichtig, dass diese Aussage nicht für jeden Menschen zutreffen wird. Auf den nächsten Seiten wird deutlich werden, dass Religion auch Formen annehmen kann, die es Betroffenen eher schwerer machen, mit den traumatischen Erfahrungen umzugehen.

Wichtig ist dabei, dass fachsprachlich gesagt, intrinsische Faktoren sehr viel wichtiger sind als extrinsische Faktoren.

Das bedeutet, dass nicht so sehr die äußere Zustimmung zu einer bestimmten Glaubensrichtung oder die Zugehörigkeit zu einer Gruppe entscheidend ist, sondern die innere Beteiligung. Glaube entfaltet seine Kraft, wenn er aus dem Inneren, man könnte sagen „aus dem Herzen“ kommt.

Den Einfluss von Religion auf die Gesundheit kann man dabei über-, aber auch unterschätzen. Er wird überschätzt, wenn Glaube als eine Art Wundermittel gesehen wird, das schnelle Heilungen ermöglicht und andere Unterstützungssysteme überflüssig macht. So eine Wirkung lässt sich durch die Studien nicht belegen; es ist also davon auszugehen, dass sie auf den weit überwiegenden Teil der Betroffenen nicht zutrifft. Es ist deswegen wichtig, den Glauben integriert zu sehen. Gott ist größer als alle Religion, und Gottes heilende Kraft ist auch durch Therapien oder Menschen erlebbar, die mit Kirche und Glaube erst einmal überhaupt keine Beziehung haben. Auf der anderen Seite ist es wichtig, die Bedeutung des Glaubens auch nicht zu unterschätzen. Zum einen, weil er eine gesundheitlich relevante Bedeutung im Umgang mit traumatischen Erfahrungen haben kann. Zum anderen, weil er auch ein Eigenrecht besitzt und für viele Menschen eine wichtige Lebensdimension darstellt, ganz unabhängig davon, ob oder wie die gesundheitliche Bedeutung genau gelagert ist.

Für die Frage, ob Glaube als eine Ressource erschlossen werden kann, ist es unter anderem wichtig, welche Rolle Religion in dem Umfeld spielte, in dem die Gewalt passierte. Eine Studie zeigt das für sehr konservativ geprägte christliche Familien auf.[15] Insgesamt zeigten sich bei den Frauen, die ihren Glauben praktizierten, weniger traumatische Symptome als bei jenen Frauen, die angaben, keinen Glauben zu praktizieren. Bei Frauen aus sehr konservativ geprägten Herkunftsfamilien, die Missbrauch erlebt hatten, stellte sich der Befund so dar: Passierte die Gewalt außerhalb der Familie, waren diese Frauen psychisch besonders widerstandsfähig und hatten schwächer ausgeprägte Symptome. Waren die religiösen Familien allerdings der Ort, an dem die Gewalt erlebt wurde, waren die traumatischen Symptome besonders stark ausgeprägt. Als Erklärung für diesen Befund sind verschiedene Ansätze möglich. So ist es plausibel, dass ein robustes Glaubenssystem - wie es sich bei konservativen christlichen Strömungen tendenziell findet - prinzipiell eine wichtige Ressource für den Umgang mit traumatischen Erfahrungen sein kann. Diese Ressource kann aber sehr viel schwerer zugänglich sein, wenn durch die Gewalt in der religiösen Herkunftsfamilie das Thema des Glaubens mit Gewalterfahrungen verknüpft wird. Oder wenn - wie eine andere Studie es nahelegt - durch die Gewalt bestimmte Glaubensinhalte in Frage gestellt werden und diese Erschütterungen einen weiteren Krisenherd darstellen, der an den Kräften der Betroffenen zehrt. Zudem ist es plausibel, dass die Gewalt noch einmal an Schwere gewinnt, wenn Religion in sie involviert wird. Ein Beispiel könnte sein, dass eine gewalttätige Person bestimmte religiöse Formulierungen zur Manipulation der Opfer benutzt. Also zum Beispiel sagt, die Gewalt sei von Gott so gewollt oder Gott würde nicht wollen, dass die Familie zerfällt, und deswegen bestrafen, wenn das Schweigen über die Gewalt gebrochen werden würde. Wie Gewalt und Religion in Familien verbunden sein können, wird in dem Film „Das weiße Band“ sehr eindrücklich gezeigt. Sind Gewalt und Religion verknüpft, kann es für Betroffene sehr viel schwerer sein, den Glauben als Ressource im Umgang mit traumatischen Erfahrungen zu entdecken. Ganz im Gegenteil können bestimmte religiöse Inhalte sogar eine Belastung sein. Hier befinden wir uns am Übergang zur nächsten Frage.

### Kann Religion den Umgang mit Traumata erschweren?

An dieser Stelle sind wir an einem sehr wichtigen Punkt angelangt: Religion kann eben nicht nur Ressource, sondern auch Bürde im Umgang mit traumatischen Erfahrungen sein. Wenn auch nicht dezidiert auf Traumata, sondern auf negative Lebensereignisse insgesamt bezogen, wurde diese Erkenntnis schon vor vielen Jahren dem US-amerikanischen Religionspsychologen Kenneth Pargament wichtig. Er erkannte in seiner Arbeit als Therapeut, dass Menschen in Krisensituationen mit ihren Problemen immer auch auf religiösem Wege umgingen. Einige dieser Bewältigungsweisen - die Fachsprache bedient sich des englischen Wortes „coping“ (aus dem Englischen für „Bewältigung“) - erwiesen sich dabei als konstruktiv und waren seinen Patientinnen und Patienten eine große Hilfe im Umgang mit ihrer Situation. Es gab aber auch andere Weisen des religiösen Umgangs, welche die Probleme in der jeweiligen Lebenssituation verschärften. Entsprechend stellte Pargament zwei unterschiedliche Konzepte gegenüber. Auf der einen Seite steht das „Positive Religious Coping“ (PRC), also die positive religiöse Bewältigung, die auch auf die psychische Gesundheit konstruktive Auswirkungen hat. Auf der anderen Seite steht das „Negative Religious Coping“ (NRC), also eine als negativ gesehene religiöse Bewältigung, die auch auf die psychische Gesundheit negative Auswirkungen hat.

In seinem wichtigsten Buch benennt Pargament als Beispiele von PRC unter anderem die Annahme, von Gott in der schwierigen Situation unterstützt und geleitet zu werden.[16] Ebenso gehört zu PRC, Unterstützung bei der eigenen Glaubensgemeinschaft zu suchen, also sich die eigene Gemeinde als Raum sozialer Unterstützung zu erschließen (sofern dies möglich ist). Und auch das Verstehen der Lebensereignisse in einem positiven Interpretationsrahmen wird als PRC gedeutet. Also dass z. B. trotz der Unverständlichkeit der Situation im Letzten doch ein liebender Gott die Geschicke führt. Ebenso gehört zu PRC, Stärke für sich selbst und andere zu erbeten.

Zu NRC gehören Spannungen bzw. Brüche in der Beziehung zu Glaubensgeschwistern oder zu Gott, also aus einem ansonsten tragenden sozialen und spirituellen Netz herauszufallen. Ebenso zu NRC gehört die Interpretation der Ereignisse in einem Rahmen, der das Geschehene auf eine Strafe Gottes zurückführt; als Vergeltung für begangene Sünden oder Ähnliches.

Auch auf den religiösen Umgang mit Traumata bezogen, bestätigt sich das Konzept von PRC und NRC. Religiosität kann im Umgang mit einer Situation sehr wichtig sein, sich für die Betroffenen aber sowohl positiv als auch negativ auswirken.

Eine Studie befragte Frauen, die eine Vergewaltigung überstanden hatten, zum religiösen Umgang mit dem letzten sexuellen Übergriff, den sie erlebt hatten.[17] Es bestätigte sich für diese Gruppe, dass Religion Ressource oder Bürde sein kann.

Beispiele für NRC in dem für die Studie verwendeten Fragebogen waren: „Sich wütend und distanziert von Gott fühlen"; „Sich wütend und distanziert von den Mitgliedern der eigenen Gemeinde fühlen"; „Den eigenen Glauben in Frage stellen"; „Ein Wunder erbeten"; „Mit Gott verhandeln, damit er die Situation besser macht"; „Ich lasse Gott meine Probleme für mich lösen". All diese Beispiele waren mit einer schlechteren gesundheitlichen Situation der Befragten verknüpft.

Beispiele für PRC waren: „Gottes Liebe und Sorge erleben"; „Begreifen, dass Gott versucht, mich zu stärken"; „Im Umgang mit dem Problem wurde ich von Gott geführt"; „Ich übernahm Kontrolle über alles, was ich konnte, und überließ den Rest Gott"; „Mein Glaube zeigte mir verschiedene Wege, mit dem Problem umzugehen"; „Ich unterstützte andere Gemeindeglieder"; „Ich erhielt Unterstützung von den Geistlichen der Gemeinde"; „Ich unterhielt Unterstützung von anderen Gemeindegliedern".[18] Diese Aussagen stehen für Situationen, in denen Religion eine Ressource war.

Wichtig ist, dass die Studien Zusammenhänge beschreiben, die sich in beide Richtungen entfalten. Je schlimmer das Trauma, desto stärker ist meist erst einmal NRC und desto schwächer PRC ausgeprägt. Aber je weniger NRC und je mehr PRC Betroffene zeigten, desto besser ging es ihnen im Umgang mit dem Trauma.

Anders gesagt: Das Trauma verändert den Glauben. Der Glaube verändert das Trauma. Beides ist richtig und beides hängt zusammen.

Abschließend sind noch drei grundsätzliche Aspekte wichtig:

Zum einen, dass die religiöse Bewältigung einer Situation nicht einfach in PRC und NRC aufgeht. Es gibt auch Formen, die durch das Konzept nicht erfasst werden. Und es gibt Bewältigungsweisen, die zwischen PRC und NRC liegen, also mehrdeutig sind und sowohl negative als auch positive Seiten haben, von denen vielleicht erst diese und später jene überwiegen. Es gibt also nicht nur Schwarz und Weiß, es gibt auch viel Grau.

Zum anderen ist wichtig, dass religiöse Bewältigung nicht etwas ist, über das Menschen frei verfügen und das sie willentlich auf die eine oder andere Weise wie ein Werkzeug einsetzen könnten. Glaube ist in weiten Teilen unserer Kontrolle entzogen, auch weil er sich auf Überzeugungen und Erfahrungen bezieht, die so grundsätzlich sind, dass sie nicht einfach bewusst in die eine oder andere Richtung verändert werden können. Wenn ein Mensch infolge eines traumatischen Ereignisses heftig zweifelt und einen schmerzenden Bruch in der Verbindung zu Gott erlebt, so kann man dies in der wissenschaftlichen Analyse als Negative Religious Coping deuten, das die existenzielle Krise noch verschärfen wird. Doch wird die betroffene Person dies nicht einfach ändern können, nur weil es unter gesundheitlichen Aspekten gesehen gerade eben hilfreicher wäre, sich eher PRC zu bedienen. Daraus ergeben sich zwei wichtige Schlussfolgerungen:

- Erstens, dass Religion kein Mittel ist, das wir bewusst einsetzen können, wie wir zum Beispiel ein Medikament einnehmen. Denn dafür ist der Glaube zu unverfügbar. Wir können uns entscheiden, eine Tablette zu schlucken.

Aber wir können uns nicht so einfach entscheiden, auf die eine oder andere Weise zu glauben.

- Zweitens kann man niemandem seine Form der religiösen Bewältigung vorwerfen. Eben auch weil sich so vieles im Glauben unserer willentlichen Steuerung entzieht. Wenn sich bei einer Person Formen der religiösen Bewältigung finden, die eine schlimme Situation weiter verschärfen, trägt diese Person dafür erst einmal keine Verantwortung. Niemandem können ein strafendes Gottesbild, starke Zweifel oder Misstrauen gegenüber Glaubensgeschwistern angelastet werden.

Das Konzept von Kenneth Pargament ist insgesamt natürlich noch einmal komplizierter und ausgefeilter. Doch für die Beantwortung der Frage, die an dieser Stelle wichtig ist, ob Religion den Umgang mit Traumata auch erschweren kann, reicht das bisher Dargestellte. Es kommt nämlich darauf an: Religion kann helfen oder die Situation verschärfen. Zwischen beidem gibt es einen großen Zwischenraum. Religion ist insgesamt in jedem Fall ein Bereich, der bei der Frage nach Auswirkungen von und Umgang mit Traumata nicht vernachlässigt werden sollte.

Schließlich haben manche von Ihnen vielleicht schon einmal den Begriff „Spiritueller Missbrauch" gehört. Dabei wird Spiritualität als eine Form von Gewalt missbraucht. Es geht dabei oft um Formen von Religiosität, die Menschen nicht stärken und in eine Begegnung mit Gott und sich selbst führen, sondern sie unterdrücken und gefügig machen sollen. Auch wenn das nicht der Normalfall ist, ist es wichtig, sich bewusst zu sein: Spiritualität kann ein Weg zu Gott und eine

Kraft zum Guten sein. In die falschen Bahnen gelenkt, kann sie aber auch eine lebenszerstörerische Dynamik entfalten. Dann hilft sie nicht in der Bewältigung von Traumata, sondern verstärkt diese nur weiter.

### Welche Erfahrungen machen Betroffene mit der Kirche?

Betroffene machen mit den Kirchen sehr gemischte Erfahrungen. Die Studien wurden in verschiedenen Teilen der Welt erhoben. Es geht also nicht nur um die katholische oder evangelische Kirche, die in Deutschland vorherrschend sind, sondern um unterschiedliche Kirchen und Glaubensgemeinschaften in verschiedenen Teilen der Welt. Wichtig ist auch, dass viele der Studien vor der großräumigen Aufdeckung der Missbrauchsskandale ab dem Jahr 2010 entstanden sind. Diese Aufdeckungen setzen sich seitdem global fort und betreffen neben Einrichtungen aus Sport und Pädagogik ganz unterschiedliche Kirchen. Wichtig ist, dass unabhängig von der römisch-katholischen Kirche sich auch andere Kirchen weltweit mit der Aufarbeitung von Missbrauch in den eigenen Reihen schwertun. Manchmal wird die Existenz des Themas verleugnet oder es gibt in der Institution schlichtweg keine Abläufe, um mit der Thematik angemessen umzugehen. So haben meiner Einschätzung nach in diesem Zusammenhang viele Betroffene sehr negative Erfahrungen mit kirchlichen Einrichtungen gemacht, die in den Studien größtenteils noch nicht erfasst sind.

Aber auch Betroffene, die Gewalt nicht in kirchlichen Kontexten, sondern an anderer Stelle erlebt haben, machen mit der Kirche nur teilweise gute Erfahrungen. Zumindest erwecken verschiedene Studien diesen Eindruck. Dafür gibt es unterschiedliche Ursachen. Bevor kritische Perspektiven auf die Kirche dargestellt werden, ist allerdings ein positiver Aspekt wichtig. Unabhängig von der Institution Kirche berichten in vielen Studien Betroffene davon, dass sie eine unterstützende christliche Spiritualität als eine wichtige Ressource in ihrem Umgang mit Traumata erleben. Dass die Vermittlung christlicher Spiritualität über die Zeiten immer weitergetragen wurde, wäre ohne eine institutionalisierte Kirche nicht wahrscheinlich gewesen. Eine sehr unvollkommene Institution kann also auch indirekt konstruktiv wirken.

Häufig sind aber auch negative oder gemischte Erfahrungen mit Kirchen und ihren Vertretern. Dafür gibt es verschiedene Gründe. Ein sehr wichtiger ist, dass kirchliche Mitarbeitende für die Arbeit mit Betroffenen von Gewalt in den meisten Fällen nur sehr unzureichend ausgebildet sind. Sie wissen nicht um deren Bedürfnisse und Erwartungen und sind für die Thematik nicht sensibilisiert. Auch scheint es Unsicherheit darüber zu geben, wo die Chancen, aber auch die Grenzen des eigenen Berufs liegen und wie z. B. Seelsorge und Therapie voneinander abzugrenzen sind. Es gibt natürlich auch Ausnahmen und MitarbeiterInnen von Kirchen, die in diesem Feld großartige Arbeit machen; diese sind jedoch eher die Ausnahme.

Dies liegt auch daran, dass besonders große Kirchen meist relativ starre Institutionen sind, die sich häufig nur stark verzögert auf neu erkannte Herausforderungen einstellen können. Dies gilt nicht nur, aber eben auch für die Arbeit mit traumatisierten Menschen. In Reaktion gibt es unter Betroffenen einen Trend, der sich auch gesamtgesellschaftlich findet, nämlich die Abwendung von religiösen Institutionen und eine stärkere Privatisierung des Glaubens. Glaube wird unabhängiger von den Kirchen gelebt. Es lässt sich statistisch nicht erheben, ob dieser Trend in der Gruppe der Betroffenen stärker ausgeprägt ist als in der Gesamtgesellschaft, es gibt allerdings Hinweise darauf. Es ist denkbar, dass diese Gruppe die Mängel gegenwärtiger institutionalisierter Religion besonders gravierend sieht und spürt und sich deswegen davon abwendet.

Eine weitere Ursache für häufig negative Erfahrungen sind die patriarchalen Strukturen, die sich in den meisten Kirchen finden. Patriarchat, was so viel wie „Väterherrschaft" heißt, bedeutet, dass Männer in der Kirche einen sehr viel einfacheren Zugang zu Macht haben. Dies drückt sich zum Beispiel darin aus, dass in vielen Kirchen geistliche Ämter oder zumindest solche, die mit großem Einfluss verbunden sind, stets Männern vorbehalten sind. In der katholischen oder den orthodoxen Kirchen äußert sich das darin, dass das Priesteramt exklusiv Männern zugänglich ist. In evangelikalen Freikirchen sind häufig für die Gemeindeleitung nur Männer vorgesehen. In den evangelischen Landeskirchen sind die theologischen Vorurteile gegenüber Frauen in Leitungsverantwortung inzwischen abgebaut, aber auch hier gibt es noch subtile Mechanismen der Diskriminierung.

Wichtig für das Thema dieses Buches ist, dass institutionelle Macht immer auch mit Deutungshoheit über Glaubensinhalte verbunden ist. Wer die Kirche leitet, beeinflusst stark, wie der christliche Glaube und seine Traditionen interpretiert und gelebt werden sollen. Das Problem ist dabei nun, dass Menschen immer eine bestimmte Perspektive haben. Diese speist sich unter anderem aus dem sozialen Status, dem Geschlecht, der Lebenssituation, dem Umfeld und vielen anderen Faktoren. Wenn diejenige Gruppe, welche die Kirche leitet, zu gleichförmig ist, führt das zu einer einseitigen Perspektive, welche die Lebens- und Glaubenserfahrungen anderer Gruppen vernachlässigt. Wenn also die Machtpositionen in Kirchen nur von Männern besetzt werden, führt dies zu einer verengten Perspektive auf den christlichen Glauben. Die Erfahrungen und Erkenntnisse von Frauen werden dann nicht ernst genommen. Wenn also z. B. deren Leidenserfahrungen aus sexueller oder häuslicher Gewalt, die stärker Frauen betreffen, nicht in die Auslegung des Glaubens einbezogen werden, führt das zu Verkürzungen. Betroffene können sich in der Kirche nicht heimisch fühlen, wenn diese die Erlebnisse und Erfahrungen von Menschen, die Opfer von Gewalt geworden sind, nicht berücksichtigt. Patriarchale Strukturen führen so zu einer Verengung und teils auch Verfälschung des christlichen Glaubens. Besonders sichtbar wird das an verschiedenen Glaubensthemen, mit denen sich Betroffene besonders schwertun. Diese Themen werden hier dargestellt und dann im folgenden Kapitel theologisch reflektiert.

### Mit welchen Themen tun sich Betroffene schwer?

Es gibt Glaubensthemen, mit denen viele Betroffene große Schwierigkeiten haben. Diese Inhalte werden immer wieder als belastend oder zumindest potentiell belastend erlebt. Es ist dabei eine komplizierte Frage, ob es sich jeweils um Verformungen des christlichen Glaubens handelt, oder ob die Glaubensinhalte tatsächlich zum Kern christlicher Traditionen gehören. Je nach Themenbereich muss hier genauer unterschieden werden. An dieser Stelle geht es noch nicht um die Klärung dieser Frage. Im Zentrum steht hier die Wahrnehmung der Betroffenen.

Vor allem für betroffene Frauen sind patriarchale Denkmuster ein großes Problem, das sie in bestimmten mit dem christlichen Glauben verbundenen Traditionen und Werten erkennen. Diese können sich in einer religiös aufgeladenen Abwertung von Frauen manifestieren. Ein Beispiel ist, Frauen besonders mit Sündhaftigkeit, sexueller Verführung und Hinterlist zu identifizieren oder Frauen einen geringeren Wert als Männern zuzuschreiben. Dies kann sich in einer patriarchalen Ehe- und Familienmoral äußern, in welcher sich die Macht besonders auf den Ehemann und Vater konzentriert. Dieser kann seine Aufgabe dann so verstehen, über die Frauen und Kinder innerhalb der Familie zu verfügen und diese zu kontrollieren.

Auch ein idealisiertes Familienbild ist nicht hilfreich. Dies macht es für Betroffene schwieriger, über das Leiden und den Zerbruch in Familien zu sprechen. Wird außerdem der Schutz der Familie überhöht, kann es für Opfer noch schwerer sein, aus gewaltbelasteten Familienkonstellationen auszubrechen.

Als problematisch wird häufig auch eine bestimmte Spielart der christlichen Sexualmoral erlebt. In dieser wird richtig oder falsch von Sexualität darauf reduziert, ob diese innerhalb oder außerhalb einer Ehe stattfindet. Es entsteht in diesem Modell keine Sensibilität für Machtverteilung und Beziehungsqualität. Sexualität wird in diesem Modell außerdem häufig abgewertet und stark mit Scham und Schuld verknüpft.

Ein solches Bild von Sexualität ist häufig in ein insgesamt sehr negatives Menschenbild eingebettet, das nicht die Gottebenbildlichkeit des Menschen, sondern seine Sündhaftigkeit fokussiert. Wie bereits oben beschrieben, können diese Elemente ein durch das Trauma ohnehin negatives Selbstbild weiter verstärken.

Für viele Betroffene, die Gewalt durch die eigenen Eltern erlebt haben, stellt das Elterngebot aus den Zehn Geboten „Du sollst Vater und Mutter ehren" eine große Belastung dar. Eine Betroffene sagt: „[D]er schlimmste Feind hat in der Familie gelebt. Und dieses Gebot, dass man seine Eltern ehren soll, das übersteigt mittlerweile mein Fassungsvermögen."[19]

Schließlich kann der Umgang mit biblischen Gewalttexten schwierig sein. Viele Texte der Bibel thematisieren Gewalt und tun dies zum Teil auf sehr explizite Weise. Außerdem geht es um solche Texte, die Gewalt legitimieren, indem sie z. B. die Züchtigung von Kindern gutheißen.

Einige andere Glaubensthemen sind sehr ambivalent. Das bedeutet, dass sie sowohl als etwas sehr Positives und Wichtiges oder aber auch als sehr belastend erlebt werden können. Hierzu gehören Inhalte aus dem Fragenkreis von Sünde, Schuld und Scham. Die belastenden Aspekte wurden weiter oben benannt. Hilfreich kann sein, wenn in religiöser Rede über zum Beispiel Sünde und Schuld menschliche Abgründe und existentielle Konflikte versprachlicht werden können.

Ein ebenfalls sehr ambivalentes Thema ist das der Vergebung. Zum einen ist es ein tiefer Wunsch vieler Betroffener, das Trauma loszulassen und so auch irgendwo vergeben zu können. Einfach weil es das Leben nicht mehr weiter prägen soll. Zum anderen stellt die christliche Rede von Vergebung oft überfordernde Moralansprüche an Betroffene. Auch das soziale Umfeld von Betroffenen kann die Rede über Vergebung benutzen, um sich selbst von der Schwere des Traumas zu entlasten und die Verantwortung für das fortwährende Leiden bei den Betroffenen abzuladen.

Zur Sprache kommt auch immer wieder der Umgang mit Leiden innerhalb des christlichen Glaubens. Damit einher geht auch die Frage nach der Interpretation des Leidens Jesu am Kreuz. Als Problem wird erlebt, wenn das Leiden Betroffener überhöht und als Kreuzesnachfolge interpretiert wird, statt nach Wegen zu suchen, es zu beenden. Auf der anderen Seite zeigt sich am Kreuz ein Gott, der solidarisch mit Gewaltopfern ist und deren Leiden kennt.

Dies mündet in die Frage nach dem Gottesbild. Der Glaube vieler Betroffener wurde durch die Gewalt gezeichnet. Häufig verfinstert sich das Gottesbild, bis dahin, dass sich z. B. Züge von MissbrauchstäterInnen im Gottesbild finden. Auf der anderen Seite ist das Gottesbild zentral, um auch die heilsamen Quellen des christlichen Glaubens zu erschließen. Doch an diesem Punkt befinden wir uns schon an der Schwelle zur Theologie.

# 4. Traumasensible Theologie – worüber wir nachdenken müssen

Was Betroffene mit dem christlichen Glauben erleben, gibt theologisch zu denken. Wenn wir die Erfahrungen von Betroffenen einbeziehen, ergeben sich neue Perspektiven, und es stellt sich die Frage, was die Lebenserfahrungen der Betroffenen für das Verständnis des christlichen Glaubens bedeuten. Im vorhergehenden Kapitel wurden beispielsweise verschiedene Inhalte benannt, die es Betroffenen schwerer machen, die traumatische Gewalt zu verarbeiten. Wie passt das zu einem Gott, der nach christlichem Bekenntnis die Liebe ist und besonders denen nahe ist, die leiden? Es wurde aber auch immer wieder deutlich, dass der Glaube ebenso eine wichtige Ressource in der Bewältigung von Traumata sein kann. Doch wird dann der Glaube nicht Mittel zum Zweck?

Wenn Christen über ihren Glauben nachdenken, nennt sich das Theologie. Das Wort „Theologie" kommt aus dem Griechischen und meint so viel wie „Lehre von Gott" oder „Nachdenken über Gott", bzw. allgemeiner verstanden auch „Nachdenken über Glauben". Anders als bei Religionswissenschaften, die Religion von außen beschreiben wollen, geht es in der Theologie um eine Innenperspektive. TheologInnen haben einen anderen methodischen Ansatz und nutzen den Glauben im eigenen Leben als einen wichtigen Schlüssel und Ausgangspunkt, um das Thema Religion insgesamt zu verstehen. Wie eine Musikwissenschaftlerin, die weiß, dass ihr eigenes Musizieren eine zentrale Quelle ist, um Musik insgesamt zu begreifen. Ähnlich ist das mit der Theologie und dem Glauben. In der Theologie wird über den Glauben nachgedacht und gefragt, wie er aus der Perspektive von Menschen, die selber gläubig sind, tiefer zu verstehen ist.

Um den Unterschied einmal deutlich zu machen: Ein finsteres Gottesbild ist - neben vielen anderen durch das Trauma geprägten Glaubensinhalten - eine theologische Herausforderung. Ich kann religionspsychologisch nachvollziehen, warum ein Gottesbild durch ein Trauma dunkel und abgründig geworden ist. Dies sagt aber noch nichts über den religiösen Wahrheitsgehalt des Gottesbildes aus. Um diesen zu erschließen, muss ich mich in die Innenperspektive einer bestimmten Glaubenstradition - in unserem Fall der christlichen - begeben. Antworten auf die oben genannten Fragen lassen sich nur theologisch geben, also aus der Innenperspektive des christlichen Glaubens heraus. Die Frage nach dem Wahrheitsgehalt eines Gottesbildes ist deswegen zum Beispiel keine religionswissenschaftliche, sondern eine theologische Frage.

In diesem Kapitel sollen traumasensible theologische Perspektiven entwickelt werden. Also Perspektiven aus einer Theologie heraus, die um die Dynamik von Traumata weiß, die Erfahrung der Betroffenen ernst nimmt und trotz mancher Spannungen und Brüche fragt, wie der Glaube Betroffenen eine Quelle der Stärkung sein kann.

Dafür sind vier Voraussetzungen wichtig:

Erstens muss die Erfahrung der Betroffenen im Mittelpunkt stehen. Nicht nur biblische Texte oder kirchliche Lehrtraditionen, sondern auch die unmittelbaren Lebenserfahrungen von Menschen sind Quellen theologischen Denkens. Durch sie zeigt sich etwas von Gott. Für eine traumasensible Theologie haben die Erfahrungen Betroffener einen besonderen Stellenwert.

Dies leitet zu einer zweiten Voraussetzung über. Denn die Orientierung an der Erfahrung der Betroffenen führt zu sogenannter „Positionalität". In traumasensibler Theologie wird bewusst eine bestimmte Position und damit Perspektive eingenommen. Das ist im Prinzip immer so. Neutralität ist beim theologischen Nachdenken über Traumata infolge von Gewalt kaum möglich. Ich kann mich nicht nicht-positionieren. Wenn ich mich auf eine Position der Neutralität und des Nicht-Bewertens zurückziehe, habe ich den Anspruch der Betroffenen auf Solidarität und Unterstützung zurückgewiesen. Aber das ist nicht wirklich neutral. Traumasensible Theologie ist dagegen bewusst positionell, also solidarisch mit den Betroffenen. Durch die bewusste Positionalität ergibt sich auf Glaubensthemen ein bestimmter Blick. Zum Beispiel das Thema „Sünde" stellt sich aus dem Blickwinkel von Betroffenen ganz anders dar als aus dem Blickwinkel von TäterInnen. Die Betroffenen spüren meist besonders den Zerbruch in ihrem Leben, die Entfremdung von ihrem Körper und ihren Gefühlen. Das Ringen mit der Sünde bedeutet für sie, sich auf einen Weg innerer Heilung zu begeben und zu überwinden, was sie an diesem Weg hindert.

Die theologische Rede über das Thema Sünde ist - die TäterInnenperspektive einbeziehend - ganz anders konnotiert. Hier geht es erst einmal darum, dass Sünde aufgedeckt werden muss. TäterInnen müssen Verantwortung für ihre Taten übernehmen. Es stellen sich Fragen nach Schuld und Verantwortung und dem Bösen als Teil der menschlichen Natur. Das Ringen mit der Sünde bedeutet für TäterInnen, zu der eigenen Verantwortung zu stehen und nicht den einfachen Weg der Verleugnung und Verdrängung zu gehen. Vergebung der Sünde bedeutet, dass Gottes Liebe auch diesen Weg begleitet.

Traumasensible Theologie, aus einer Positionalität für Betroffene heraus, ist nicht die einzige mögliche theologische Perspektive. Hinter dem Anliegen von Neutralität oder Objektivität steht das Bedürfnis, verschiedene Blickwinkel in Ausgleich miteinander zu bringen. Dies ist prinzipiell wichtig. In einer traumasensiblen theologischen Perspektive wird aber besonders das Erleben von Betroffenen stark gemacht, weil es sich dabei um eine Perspektive handelt, die sehr leicht an den Rand gedrängt wird. Denn Menschen - und theologisch denkende Christinnen und Christen sind dabei keine Ausnahme - tun sich mit der Opferperspektive oft schwer. Positionalität bildet im theologischen Denken dazu ein notwendiges Gegengewicht.

Dritte Voraussetzung ist, traumasensible Theologie immer als ein Provisorium zu verstehen. Der Glaube an einen lebendigen Gott ist mit einer starren Theologie kaum vereinbar. Und das gilt auch für traumasensible Theologie. Sie ist nicht endgültig, sondern entwickelt sich immer weiter. Das liegt nicht nur in Gott, sondern auch im Menschen begründet. Weil traumasensibler Theologie menschliche Erfahrung so wichtig ist - und diese kann sich auch in Bezug auf ein Trauma im Laufe der Zeit wandeln. Was in einer Phase der Trauma-Bearbeitung wichtig und hilfreich ist, kann in einer späteren hinderlich sein. Vielleicht gibt es eine Phase, in der sich Zorn auch im Glauben Ausdruck sucht und Gott als Rächer der Unterdrückten von Bedeutung ist. In einer späteren Phase wird Gott vielleicht eher als sanfte Energie erlebt. Glaube ist kein Zustand, sondern ein Prozess, und in diesem gibt es nur Provisorien. So wie der Glaube selber, so ist auch das Nachdenken über ihn im Fluss. Dies gilt generell, aber für traumasensible theologische Perspektiven, die menschliche Extremerfahrungen einbeziehen, noch einmal besonders. In einem Bild gesprochen, entspricht traumasensible Theologie also keinen starren Felsformationen, sondern eher einem fließenden Bach.

Als vierte Voraussetzung ist die theologische Schlüssigkeit wichtig. Dazu muss die theologische Reflexion vernünftig nachvollziehbar sein. Außerdem ist der Bezug zu den Grundlagen des christlichen Glaubens wichtig. Der Bach befindet sich in einem Bachbett. Dessen Verlauf kann sich in Teilen auch ändern, wenn das Wasser von der Quelle her in eine bestimmte Richtung drängt. Dennoch bildet das Bachbett einen wichtigen Rahmen, der dem Wasser eine Richtung gibt und ermöglicht, dass es lebendig sprudelt statt zu verlaufen und zu versickern. Nach christlichem Glauben hat sich Gott auf besondere Weise in Jesus Christus offenbart. In ihm wird nach christlichem Glauben sichtbar, dass Gott die Liebe ist. An diesem Grundereignis des Glaubens orientiert sich auch traumasensible Theologie.

Die vier Grundvoraussetzungen traumasensibler Theologie sind also noch einmal wiederholt:

- Die Erfahrung der Betroffenen im Mittelpunkt
- Positionalität

- Provisorienstatus
- Theologische Schlüssigkeit

Der Hinweis auf Jesus Christus als Wesensmerkmal einer schlüssigen Theologie zeigt umgekehrt noch einmal die Bedeutung theologischer Traumasensibilität. Denn im Zentrum des christlichen Glaubens steht ein Gekreuzigter. Das Kreuz war in der Antike nicht nur grausames Hinrichtungsinstrument. Es hatte auch symbolische Bedeutung. Es war denjenigen reserviert, die von der römischen Staatsmacht besonders verachtet wurden. Wer gekreuzigt war, wurde damit an den äußersten Rand der Gesellschaft gestoßen. Das Kreuz war ein Stigma. Mit einem Gekreuzigten wollte man nichts mehr zu tun haben.

Durch Jesus Christus jedoch wurde das Kreuz in das Zentrum des Glaubens gestellt. Denn genau hier zeigt sich Gott. Damit wird die allgemeine gesellschaftliche Perspektive auf den Kopf gestellt. Die Perspektive der Stigmatisierten vom Rand der Gesellschaft, die Perspektive der Opfer, deren Schreie keiner hören will, ist für den christlichen Glauben ins Zentrum gerückt. Gott hat den Weg von Kreuz und Auferstehung gewählt, um sich den Menschen zu erschließen. Gotteserkenntnis gibt es deswegen nicht am Schicksal der Leidenden vorbei, sondern nur durch deren Perspektive hindurch. Bei der Frage nach der Gotteserkenntnis, also wer oder wie Gott ist, hat die Sicht der Leidenden ein stärkeres Gewicht als die Sicht der Starken von oben. Wer Sehnsucht nach Gott hat, muss einen Glaubensweg gehen, in welchem dieser Perspektive vom Rand der Leidenden ein zentraler Stellenwert zukommt. Ich persönlich glaube, dass deswegen traumasensible Theologie auch alle ChristInnen angeht. Denn sie bemüht sich um eine Perspektive auf den Glauben von diesem Rand her. Und damit kann sie helfen, den christlichen Glauben tiefer zu verstehen.

Nach diesen grundlegenden Gedanken geht es im Folgenden um konkrete theologische Themen. Die Auseinandersetzung mit diesen Inhalten ist für viele Betroffene wichtig, aber auch zwiespältig. Je nach Interpretation und Zusammenhang kann manches belastend, anderes jedoch hilfreich und befreiend sein.

Im ersten Drittel werden einige Traditionsbestände kritisch reflektiert, die eher in den Bereich der Ethik gehören, auch wenn die Trennlinien hier unscharf sind. Es geht dabei um den Umgang mit Gewalttexten in der Bibel, das christliche Frauenbild, Familienbilder, Kirchenbilder und Sexualmoral. Anschließend verschiebt sich der Fokus auf das Verständnis von konkreten Glaubensinhalten.

## Gewalttexte in der Bibel

Häufig findet sich die Ansicht, dass die Bibel ein Buch voller Gewalt sei. Das ist nicht falsch und kann verstörend sein. In der Bibel geht es an vielen Stellen um dieses Thema. Es geht um Gewalt zwischen Einzelpersonen und Gewalt zwischen Völkern, um Gewalt von Starken gegen Schwache, um Gewalt in Familien, um Gewalt von Menschen gegen Tiere, um sexuelle Gewalt und Folter. Gewalt ist in der Bibel ein wichtiges Thema. Und man muss festhalten: Die Bibel ist darin sehr realistisch. Denn wenn wir das illusionäre Bild von heilen bürgerlichen Welten einmal beiseiteschieben, kann man nur sagen: das alles gibt es. Und das alles gibt es sehr viel häufiger, als zahlreiche Menschen es wahrhaben wollen. Die Bibel beschreibt in vielem nicht die Welt, wie sie sein soll. Sie beschreibt die Welt, wie sie ist. Und das ist auch gut so, denn besonders im Verborgenen kann Gewalt gut gedeihen. Durch die Benennung von Gewalt wird sie aufgedeckt und ans Licht gebracht. Wenn es in der Bibel nicht auch viel um Gewalt und den Umgang mit ihr gehen würde, wäre sie kein realistisches Buch. Und damit kein Buch, das wir für die wichtigen Fragen im Leben wirklich ernst nehmen könnten.

Nun soll das aber nicht darüber hinwegtäuschen, dass manche Texte in der Bibel moderne Leser vor Probleme stellen. Eines davon ist, dass einige biblische Texte sich so lesen, als würde Gott Gewalt befehlen oder Gewalt sogar selber verüben. Befiehlt Gott also Gewalt oder ist er sogar selbst ein Gewalttäter?

Um auf diese Frage angemessen zu antworten, ist die Frage wichtig, wie wir die Bibel lesen und verstehen. Nach christlichem Glauben hat sich Gott in der Geschichte nach und nach offenbart. Über die Jahrhunderte wurde in der Geschichte Israels immer sichtbarer, wer dieser Gott ist. Bis er sich aus Sicht von Christinnen und Christen in Jesus Christus auf unüberbietbare Weise gezeigt hat. Dies war ein Weg über viele Jahrhunderte. In der Bibel spiegelt sich dieser Prozess. Sie zeigt in ganz unterschiedlichen Stufen und Perspektiven, wie sich Gott nach und nach offenbart hat. Wir kennen die Bibel als ein einziges Buch. Sie ist aber viel eher eine ganze Bibliothek mit ganz unterschiedlichen Büchern, die über circa ein Jahrtausend hinweg entstanden sind und an denen zahlreiche Menschen mitgeschrieben haben. Dass wir diese ganze Bibliothek in einer uns verständlichen Sprache zwischen zwei Buchdeckeln im Wohnzimmer stehen haben können, ist ein relativ neues Phänomen, das es so im Leben der Christen zu den meisten Zeiten nicht gab. Eben weil sich Gott in der Geschichte nach und nach offenbart hat und sich dieser ganze Prozess in der Bibel widerspiegelt, finden sich in ihr Zeugnisse aus ganz unterschiedlichen Zeiten. Es gibt in der Bibel Texte, die von der Existenz ganz unterschiedlicher Götter ausgehen (z. B. Psalm 82). Es war ein langer Weg, bis der Glaube an einen einzigen Gott entstand. Es war wiederum ein langer Weg, bis deutlich wurde, dass das Wesen dieses Gottes Liebe ist. Die Bibel wirft dann den Blick voraus und sagt, dass dieser Gott der Liebe angefangen hat, sein Reich zu errichten. In diesem Reich haben Gewalt und Leiden keinen Platz, sondern sind durch das Gute überwunden. Im Blick auf die Zukunft wird gesagt, dass diese Vollendung nur noch eine Frage der Zeit ist. In Gottes Ewigkeit hat das Licht die Dunkelheit endgültig besiegt.

Dass die Bibel so einen langen Weg widerspiegelt, macht sie kompliziert. Stellen Sie sich vor, Sie haben eine Box mit Teilen eines Puzzles vor sich liegen, das von einem Puzzlemacher über viele Jahre entwickelt wurde. In Ihrer Box haben Sie aber nicht nur die Puzzleteile aus der Endversion, sondern auch die aus ganz unterschiedlichen Vor- und Zwischenstufen. Manche Teile passen vielleicht auch in der Endversion noch, manche wiederum nicht. Manche passen an anderer Stelle, andere hindern eher daran, dass das Puzzle weiterwachsen kann. Manche Puzzleteile lassen sich erst in einem späteren Stadium sinnvoll einbauen, und manche Puzzleteile ergeben erst in Kombination mit anderen Teilen

Sinn. So in etwa ist es auch, wenn wir die Bibel lesen. In ihr finden sich Gedanken und Geschichten über Gott aus ganz unterschiedlichen Zeiten und mit ganz unterschiedlichen Aussagen. Wie eben verschiedene Puzzleteile eines Bildes aus unterschiedlichen Epochen, die jeweils etwas von Gott zeigen wollen. Manche Puzzleteile helfen uns, andere stellen uns vor Schwierigkeiten.

Dieser Vergleich hat natürlich auch seine Grenzen. Denn Puzzleteile sind etwas sehr Festes und Objektives. Wie wir biblische Geschichten und Aussagen verstehen, ist hingegen subjektiv geprägt und hängt viel von unserer Lebenssituation ab. Es wird durch diesen Vergleich aber etwas von der Komplexität der Situation deutlich, in der wir als moderne Bibelleser stehen. In der Geschichte gab es immer wieder einmal Versuche, die alten Puzzleteile sozusagen auszusortieren. Diese Versuche haben zum Glück nie geklappt. Zum einen, weil damit immer auch sehr viel elementar Wichtiges verloren gegangen wäre. Zum anderen, weil sich das Lebenspuzzle der Gottessuche eben sehr unterschiedlich gestaltet und was im Puzzle eines Menschen wichtig ist, in einem anderen hinderlich sein kann. Wir würden mit dem Versuch des Aussortierens oder Streichens widerspenstiger Bibeltexte mit dem Problem auch sehr viel schlechter umgehen, als es in der Bibel selbst gelöst ist. Denn für Christen weist die Bibel eben auf ein Ereignis hin, in dem sich Gott auf unüberbietbare Weise offenbart hat: auf Jesus Christus. Wenn wir auf Jesus Christus schauen, haben wir als Christen ein Kriterium, mit dem wir die Bibel lesen können. Die Bibel wird immer da Gottes Wort, wo in ihr sichtbar wird, „was Christum treibet“. Die letzte Formulierung stammt von Martin Luther und greift ein Bild aus der Handwerkskunst seiner Zeit auf. Zum Beispiel aus einem Kupferstück „trieben“ Schmiede ein bestimmtes Bild oder Muster, das so nach und nach sichtbar wurde. Die Formulierung „was Christum treibet“ bedeutet also so viel wie „wodurch Christus sichtbar/erkennbarer wird“. Wo die Bibel also für unser Leben wichtig ist und Autorität hat, entscheidet sich daran, wo sie uns etwas von Christus zeigt. Um das im Bild mit dem Puzzle zu sagen: In Christus haben wir vorgezeichnet, was das Bild zeigen soll, und können unser eigenes Puzzle daran immer wieder überprüfen. Es gibt auch Puzzleteile, die Gott als jemanden zeigen, der Gewalt befiehlt oder sogar selbst verübt. Ich glaube, dass die meisten dieser Teile bestimmten Vorstufen des Puzzles angehören, in denen Menschen die Gewalt, die sie erlebten, lieber Gott zuschrieben, als gar keine Erklärung dafür zu haben. Und in der das Gesamtbild des Puzzles noch nicht so klar war, dass manche meinten, es ließen sich Herrschaft und Gewalt damit begründen.

Obwohl diese Puzzleteile sperrig sind, sollten sie nicht einfach rausgeworfen werden. Sie sind nicht ungefährlich, weil sie das Weiterbauen des Puzzles behindern oder ein falsches Bild erzeugen können. Aber sie sind wichtig, um zu verstehen, wie Menschen zu anderen Zeiten über Gott gedacht haben. Sie sind wichtig, weil sie Gewalt aufdecken. Und je nachdem, welche Teile um ein Teil herumgesetzt sind, ergibt sich vielleicht ein Sinn, der uns auch heute noch etwas sagt. Als ein Beispiel dafür werden wir später zu den sogenannten Rachepsalmen kommen.

Ein zweiter grundlegender theologischer Aspekt bezieht sich auf die Frage, ob für die Wahrheit der Bibel wichtig ist, dass alles, was in ihr steht, auch genau so passiert ist. Die Bedeutung der Bibel liegt darin, dass sie die Offenbarung Gottes im Laufe der Geschichte nachzeichnet und so auf Gott hinweist. Sie ist kein Buch, das Gott vom Himmel geschickt hat, sondern eine Bibliothek, in der ganz unterschiedliche Menschen ihre Glaubenserfahrungen festgehalten haben. Sie haben diese Erfahrungen z. B. durch Geschichten, Gedichte, Gebete, Kommentare zu geschichtlichen Entwicklungen oder Diskussionen über ältere biblische Texte ausgedrückt. Das ist für die Frage nach der Wahrheit der Bibel wichtig. Denn woran misst man die Wahrheit von zum Beispiel einem Gedicht? Nicht daran, ob das, was darin ausgesagt ist, exakt so passiert ist, sondern ob die Aussage stimmt. So ist das auch mit der Bibel. Die Wahrheit biblischer Texte ermisst sich daran, ob sie uns etwas von Gott deutlich machen. Für Christen ist die Bibel wahr, weil sie etwas von Christus zeigt. Das ist zentral. Ein Glaubensbuch muss im theologischen Sinne wahr sein. Ist die Bibel allerdings eine Bibliothek mit historisch lauter zutreffenden Büchern? Das will sie gar nicht sein und ist auch nicht ihr Sinn. Manche Ereignisse sind historisch zutreffend beschrieben, manche durch starke Interpretationen überlagert, und manche biblischen Erzählungen haben auch keinen historischen Kern. Im Neuen Testament wird viel historisch Zutreffendes berichtet. Ich gehe nach vielen Jahren Studium davon aus, dass Jesu Leben, sein Tod und seine Auferstehung wirklich geschehen sind. Bei anderen biblischen Texten ist es anders: Im ersten Buch der Bibel werden in der Schöpfungsgeschichte auch Wahrheiten vermittelt. Aber es geht hier nicht um historische Wahrheiten, vieles ist symbolisch gemeint. Adam und Eva sind im Gegensatz zu Jesus keine Personen, die tatsächlich existiert haben. Sie zeigen das „Prinzip Mensch“, an ihnen sollen also allgemeine Aussagen über das Menschsein sichtbar werden.

Und das ist auch kein Problem. Denn die Wahrheit und Verlässlichkeit der Bibel gründet sich darauf, dass sich durch die darin beschriebenen Glaubenserfahrungen etwas von Gott zeigt. Eine Glaubenserfahrung kann durch einen Tatsachenbericht, eine Interpretation oder eine Geschichte jeweils unterschiedlich, aber jeweils sehr gut ausgedrückt werden, je nachdem eben, worum es geht. Umgekehrt nimmt es uns heutigen Bibellesern eine große Last von den Schultern, zu wissen, dass viele der gewalthaltigen Bibelgeschichten so nicht passiert sind. Das schenkt Freiheit auch in der Interpretation. In Bezug auf manche Erzählungen können wir sagen, dass sich darin Glaubens- und Gotteserfahrungen spiegeln, zu denen wir als Christen erst einmal auch in Distanz stehen.

Was hat das alles nun mit biblischen Gewalttexten und traumasensibler Theologie zu tun? Insgesamt sehr viel. Denn ja, es gibt in der Bibel furchtbare Texte mit viel Gewalt. Es gibt Erzählungen, in denen Gott selber Gewalt verübt, und auch solche, in denen Menschen zu Gewalt aufgefordert werden. Sehr oft handelt es sich um Puzzleteile aus einer vergangenen Zeit. Die Menschen zu biblischen Zeiten erlebten sehr viel Schreckliches. Ebenso wie für Opfer von Gewalt in unserer Zeit entwickelten sich dadurch immer wieder auch dunkle und gewalttätige Gottesbilder. Auch diese Gottesbilder finden sich in der Bibel wieder. Doch wie viel zeigen sie von Gott? Die Frage ist, ob durch sie etwas von Christus deutlich wird. Ich kann auf diese Weise nicht objektiv für alle anderen Menschen zwischen biblischen Texten sortieren und bestimmen, welche theologisch wahrheitshaltig sind und welche den Blick auf Christus verstellen. Dazu sind zu unterschiedliche Interpretationen möglich. Aber im eigenen persönlichen Umgang mit der Bibel kann ich einen reflektierten Umgang entwickeln. Ich kann fragen, ob eine bestimmte biblische Geschichte mir etwas von Gott zeigt, der sich in Jesus Christus als Liebe erschlossen hat. Das Gleiche gilt für unser Handeln. Wenn ein biblischer Text zu Gewalt aufzurufen scheint, muss er an Christus gemessen werden, der das Gebot der Gottes-, Selbst- und Nächstenliebe ins Zentrum gestellt hat. In Markus 12,29–31 antwortet Jesus auf die Frage eines Schriftgelehrten, was denn das höchste Gebot sei: „Das höchste Gebot ist das: ‚Höre, Israel, der Herr, unser Gott, ist der Herr allein, und du sollst den Herrn, deinen Gott, lieben von ganzem Herzen, von ganzer Seele, von ganzem Gemüt und mit all deiner Kraft.' Das andre ist dies: ‚Du sollst deinen Nächsten lieben wie dich selbst.' Es ist kein anderes Gebot größer als diese."

Die Bibel so zu lesen, also auf Christus hin, wird von manchen als zu subjektiv verurteilt werden, weil man so nicht die ganze Bibel ernst nehme. Ich würde aber sagen, es ist die einzige Möglichkeit, als Christ die Bibel tatsächlich zu verstehen und ihre zentrale Botschaft ernst zu nehmen. Wer die Bibel als unfehlbares historisches Tatsachenbuch liest, nimmt die Bibel nicht ernst, sondern folgt einem selbsterzeugten Trugbild. Denn das christliche Gottesbild ist nicht einfach die Summe biblischer Gottesbilder. Das christliche Gottesbild tritt in der Offenbarung Jesu Christi hervor. Und christliches Handeln bedeutet nicht, sein Handeln durch irgendwelche willkürlich ausgewählten Bibelstellen zu rechtfertigen. Christliches Handeln bedeutet, sich in seinem Handeln an

Christus und seinem Dreifachgebot der Gottes-, Selbst- und Nächstenliebe auszurichten.

Biblische Gewalttexte decken auf, wie viel Gewalt es in unserer Welt gibt und dass diese Gewalt auch den Glauben prägen kann. Die Autoren der Bibel waren dabei meist auf der Seite derer, die Gewalt erlitten haben. Dies gilt für das Volk Israel, das entgegen manchen Erzählungen in der Bibel in seiner Geschichte zu den meisten Zeiten zwischen verschiedenen Groß- und Mittelmächten militärisch zerrieben und drangsaliert wurde. Dies gilt für die Propheten, die in ihrem eigenen Volk meist einen schweren Stand hatten und schikaniert wurden. Dies gilt auch für die Autoren der neutestamentlichen Briefliteratur, die wie Paulus selbst Gewalt erlebten oder als kleine Minderheit immer wieder Angst haben mussten, von der Mehrheit an den Rand gedrängt zu werden. Dies gilt auch für die Evangelisten, die zur Nachfolge eines Menschen aufrufen, der selbst einen Kreuzestod erlitten hat. Die Bibel ist kein gewaltfreies Buch. Aber sie erzählt unter Einbeziehung der Perspektive der Gewaltopfer eine Geschichte, die in der Überwindung der Gewalt in der Welt mündet.

## Frauenbilder

Die katholische Theologin Barbara Haslbeck befragte in einer Studie Frauen mit Missbrauchsvergangenheit zu ihrer Religiosität. Dabei kam auch das kirchliche Frauenbild zur Sprache. Die Autorin fasst zusammen: „Das kirchliche Frauenbild stößt die Interviewten ab, da sie darin Eigenschaften bestätigt finden, die sie in ihrem Bewältigungsprozess überwinden wollen: unterwürfig, liebevoll, aufopfernd und dienend tätig zu sein. Sie wollen als Frau nicht mehr darauf reduziert werden, Kinder zu kriegen und sich dem Mann zu fügen. Im Zuge der Auseinandersetzung mit dem Missbrauch wächst das Bewusstsein, dass das Bild des verführerischen, sündigen Mädchens bzw. Frau von der kirchlichen Tradition geprägt ist."[20] Auch in anderen Studien finden sich Aussagen von Frauen, die in die gleiche Richtung weisen. Das patriarchale Denken, das in zahlreichen kirchlichen Kontexten das Frauenbild entscheidend mitbestimmt, drängt Frauen in eine Position, in der sie für Gewalt besonders anfällig sind. Dies ist zum Beispiel der Fall, wenn Frauen wirtschaftlich stark von ihren Männern abhängig sind oder ihnen die alleinige Verantwortung für den Zusammenhalt der Familie zugeschoben wird. Patriarchale Strukturen und ein abwertendes Frauenbild hängen eng zusammen, weil in diesen Frauen sich nicht selber definieren können, sondern aus den Lebenserfahrungen und Wertungen von Männern heraus beschrieben werden.

In einer traumasensiblen Theologie sind patriarchale Strukturen ein theologisches Problem. Denn sie erweisen sich nicht nur für Betroffene als eine große Bürde in der Verarbeitung der Gewalt. Sie stehen auch wesentlichen Inhalten der christlichen Verkündigung entgegen. Der zentrale Inhalt von Jesu Verkündigung war das Reich Gottes. In diesem Reich hat sich Gott endgültig gegen das Böse und Lebenszerstörende in seiner Schöpfung durchgesetzt. Wie kann etwas Reich Gottes sein, in dem die Söhne befreit, aber die Töchter unterdrückt werden?

Christinnen und Christen sollen beten und sich dafür einsetzen, dass dieses Reich kommen möge. Die Offenlegung des Lebenszerstörenden ist dabei ein Prozess, der sich in der Geschichte entfaltet. Zum Beispiel wurde von den Autoren der Bibel Sklaverei nicht als Problem identifiziert. Später allerdings erkannten Christen wie William Wilberforce, was uns heute selbstverständlich ist. Nämlich dass Sklaverei mit dem christlichen Glauben unvereinbar ist. Entsprechend setzten sie sich für ihre Beendigung ein. Auch wenn damals in kirchlichen Kreisen über diese Fragen gestritten wurde, ist heute klar, dass die Gegner der Sklaverei absolut richtig lagen. Ich glaube, mit den Gegnern des Patriarchats und damit eines einseitigen Frauenbildes heute ist das so ähnlich. Warum das so ist, wird besonders anhand des Beispiels von Missbrauch und Gewalt sichtbar. Hört man auf die Betroffenen, wie stark sie unter der Gewalt gelitten haben und wie schmerzlich diese das weitere Leben zeichnet, geht das an das Herz. Es gibt nicht vieles, das so destruktiv ist wie sexueller Missbrauch in der Kindheit. Bei häuslicher Gewalt wird das eigene Zuhause zu einem Foltergefängnis. Die Menschen, die eigentlich am engsten vertraut sein sollten, werden zu den schlimmsten Feinden. Dass Missbrauch und Gewalt lebenszerstörend sind, wird niemand abstreiten können, der auf die Betroffenen hört.

Wenn es im Reich Gottes nun um die Überwindung des Lebenszerstörenden geht und ChristInnen an diesem Reich mitarbeiten sollen, müssen sie sich für die Überwindung all dessen einsetzen, was das Lebenszerstörende ermöglicht und unterstützt. Nun sind Patriarchat und Gewalt allerdings in einer unheiligen Allianz verbunden. Das zeigen die geschichtliche Entwicklung und der wache Blick in die Gegenwart. Häusliche Gewalt und Missbrauch konnten gesellschaftlich erst nach und nach breiter thematisiert werden, als patriarchale Strukturen aufgebrochen wurden. In der Gegenwart ist sichtbar, dass das Thema in männerdominierten Gesellschaften auch heute noch weitestgehend verdrängt wird. Und an den Versuchen der Aufarbeitung von Missbrauch in so mancher Kirche wird sichtbar, wie unfähig patriarchale Organisationsstrukturen sich bei diesem Unterfangen erweisen.

Wer am Reich Gottes mitarbeiten will und sich für eine Überwindung von Gewalt einsetzen möchte, der muss auch für eine faire Verteilung von Macht zwischen Männern und Frauen in allen Lebensbereichen eintreten. Arbeit am Reich Gottes und Kampf gegen die Unterdrückung von Frauen gehören zusammen.

Im Lukasevangelium finden wir viele Beispiele, wie Jesus bei den gesellschaftlichen Konventionen seiner Zeit nicht stehen geblieben ist, sondern Frauen gestärkt hat. Sie spielen in der Kindheitsgeschichte in den Figuren von Maria, Hanna und Elisabeth eine wichtige Rolle (Lk 1+2). In den Wundergeschichten wird immer wieder die Lebenswelt von Frauen ins Zentrum gestellt (z. B. Lk 8 in der Heilung der blutflüssigen Frau) ebenso wie in den Gleichnissen (Lk 13; Lk 18). Frauen bleiben bis zur Kreuzigung treu und sind die ersten Zeugen der Auferstehung (Lk 24). Das Lukasevangelium setzt einen Impuls zur Stärkung von Frauen, der in der Kirchengeschichte leider schnell wieder verloren ging. Anliegen einer traumasensiblen Theologie ist es, diesen Impuls aufzunehmen und in die Gegenwart hineinzutragen.

## Familienbilder

Es gibt wahrscheinlich keinen Bereich des Lebens, der Menschen so stark prägt wie ihre Herkunftsfamilie. In dieser werden die Grundlagen für den weiteren Lebensweg gelegt. Hier ereignen sich die primären Beziehungs- und Bindungserfahrungen, hier werden menschliches Miteinander, Kommunikation, Werte und Konfliktbewältigung vorgelebt. Es entscheidet sich zu großen Teilen in der Herkunftsfamilie, was Menschen in ihrem Lebensrucksack tragen, seien es Proviant, schwere Steine oder eine Mischung aus beidem. In der Familie können emotionale Schätze angesammelt oder tiefe Traumata erlitten werden.

Weil Familie für das menschliche Leben so wichtig ist, verbinden sich gesellschaftlich mit ihr eine große Zahl von Vorstellungen und Wünschen. Eben weil es auf die Familie in vielem so sehr ankommt, soll hier alles besonders gut laufen. Dies äußert sich nicht zuletzt in der Entwicklung von hohen Idealen. Basierend auf einer glücklichen und harmonischen Ehe soll eine einträchtige Familie mit glücklichen Kindern heranwachsen. Diese Idealbilder haben eine wichtige Orientierungsfunktion und werden deswegen immer wieder auch rechtlich und religiös unterstützt. Der besondere rechtliche und moralische Schutz von Ehe und Familie hat seine Bedeutung. Er hat aber ebenfalls seine Grenzen.

Angesichts der im ersten Kapitel referierten Studien, nach denen sich Gewalt vor allem im partnerschaftlichen und familiären Kontext ereignet, haben Idealbilder aber auch etwas Fragliches. Die Überhöhung der Familie kann für deren schwächste Glieder sehr gefährlich sein. Annemie Dillen fasst die zentralen Anfragen so zusammen: „Paradoxerweise ist die Vorstellung von einer idealen heiligen Familie in Bezug auf Gewalt nicht unproblematisch. Zum einen schämen sich Menschen, die Opfer von Gewalt in Familien sind, und sie verstummen, wenn vor allem das Gute und Schöne des Familienlebens betont werden [...]. Oft glauben sie, dass sie anders sind als alle anderen. Die Tabuisierung der Gewalt wird von vielen Seiten weitergeführt“[21]. Idealisierte Familienbilder kreieren eine Atmosphäre, welche die Isolationserfahrung Betroffener noch verstärkt. Interessanterweise kann sich diese Idealisierung des Familienlebens schwerlich auf die Bibel berufen. Im Alten Testament findet sich gleich zu Anfang ein blutiger Familienstreit zwischen Kain und Abel. Und auch sonst tritt im Alten Testament das Familienleben als ein Lebensbereich hervor, der durchaus von Abgründen geprägt ist. Im Neuen Testament steht Jesus der Institution Familie eher kritisch gegenüber und betont die Priorität von Glaubensbindungen vor Familienbindungen (vgl. Mk 3,31-35).

Es ist wichtig, vom christlichen Glauben her Ehe und Familie nicht zu überhöhen. Jesus selbst lebte nicht in einer Ehe und gründete auch keine Familie. Ehe und Familie können etwas Wunderbares oder die Hölle auf Erden sein. Es ist daher wichtig, dass der Schutz einer Gemeinschaft nicht über den Schutz ihrer einzelnen Mitglieder gestellt wird. Das gilt auch für die Ehe. Wenn eine Frau einen gewalttätigen Ehemann verlässt, bricht sie damit nicht das Ehegelübde. Vielmehr hat der Ehemann durch die Gewalt die Ehe bereits gebrochen. Indem die Partnerin ihn verlässt, macht sie diesen Bruch lediglich nach außen sichtbar.

Ein spezifisches theologisches Problem ergibt sich für manche Betroffene durch das vierte der Zehn Gebote: „Du sollst Vater und Mutter ehren." Für viele Betroffene, die traumatische Gewalt durch ihre eigenen Eltern erlebt haben, stellt das vierte Gebot ein schweres Joch dar. Es konfrontiert Betroffene mit einem moralischen Anspruch, der fundamental ihrem eigenen Gerechtigkeitsempfinden widerspricht. Zumal wenn sich die Eltern, wie das sehr häufig der Fall ist, uneinsichtig zeigen, das Geschehene leugnen oder den Betroffenen sogar die Schuld zuschieben. Gilt das vierte Gebot auch für eine Tochter, die von ihrem Vater vergewaltigt wurde?

An dieser Frage wird noch einmal die Bedeutung eines reflektierten Bibelverständnisses sichtbar. Um biblische Texte und Gebote zu verstehen, müssen wir immer auch nach dem Erfahrungshintergrund fragen, vor dem sie entstanden sind. Zu den Zeiten, in denen die Zehn Gebote formuliert wurden, gab es keine Sozial- oder Rentenversicherung. Die einzige Vorsorge, die Menschen treffen konnten, war die Geburt von Nachkommen. Vor allem die Söhne waren dafür verantwortlich, die alt gewordenen, nicht mehr arbeitsfähigen Eltern zu versorgen. Entsprechend richten sich die Zehn Gebote auch an erwachsene Männer mit Landbesitz. Dies lässt sich an verschiedenen Stellen, unter anderem auch an den letzten beiden Geboten ablesen. Hier ist die Männerperspektive ganz eindeutig.

Als pädagogischer Text vor allem in der Erziehung von Kindern, wie die Zehn Gebote heute verwendet werden, waren sie bei ihrer Abfassung wohl nicht intendiert. Die erwachsenen Söhne sollten die materielle Versorgung der Eltern sicherstellen. Hätten sie das nicht getan, wären die

Eltern verhungert. Die erwachsenen Töchter waren meist verheiratet und damit nach der damaligen gesellschaftlichen Ordnung ohnehin eher für ihre Schwiegereltern zuständig. Das vierte Gebot hatte in der damaligen sozialen Ordnung deswegen durchaus seine Notwendigkeit. Aber wie gilt es für Menschen heute, zumal wenn sie durch ihre Eltern Schlimmes erfahren haben?

In der Bibel selbst werden die Zehn Gebote an zwei unterschiedlichen Stellen (2. Mose 20 und 5. Mose 5) formuliert. Zwischen beiden Texten gibt es signifikante Unterschiede. Ein Stück weit relativiert der biblische Text dadurch selbst die Autorität der Gebote. Es handelt sich demnach nicht einfach um einen einheitlichen Regelkatalog, der für alle in gleicher Weise gilt.

Im hebräischen Text wird für den Umgang mit den Eltern im vierten Gebot das Wort *kawad* verwendet. In den meisten Übersetzungen wird dieses als „ehren“ ausgelegt, wodurch es stark nach Unterordnung und Bedingungslosigkeit klingt. Das Bedeutungsfeld ist aber weiter. Es kann auch mit „belohnen“ oder „honorieren“ übersetzt werden. In dieser Übersetzungsweise geht es dann nicht um Unterordnung oder bedingungslose Dankbarkeit. Vielmehr ist dann für das Verhalten gegenüber den Eltern durchaus wichtig, wie diese sich selbst gegenüber ihren Kindern verhalten haben.

Eine Betroffene, die von ihrem Vater missbraucht wurde und die Mutter als tatenlos Dabeistehende erlebte, berichtet in einem Buch von David Blumenthal über ihre inneren Widerstände gegen das Elterngebot.[22] Sie entwickelte aber eine Interpretation, die ihr half, auch für sich einen Wert in diesem Gebot zu sehen. Für sie ging es dabei darum, ein solches

Gebot nicht um der Eltern, sondern um ihrer selbst willen zu achten. Sie beschloss, sich nicht zu rächen. Aber eben nicht, um die Eltern zu schonen und ihnen deswegen nicht Gleiches mit Gleichem zu vergelten. Sondern aus Achtung vor sich selbst. Aus Achtung der eigenen Würde. So war für sie dem Anspruch des Gebots Genüge getan.

## Kirchenbilder

In den Studien berichten Betroffene von sehr gemischten Erfahrungen mit Kirche. Es finden sich immer wieder Seelsorgende, die Betroffene von traumatischer Gewalt kompetent begleiten. Doch auf der anderen Seite wird deutlich, dass in der Ausbildung kirchlicher Mitarbeitender kaum Wissen über Gewalt und Traumata vermittelt wird.

Durch die großflächige Aufdeckung von Missbrauchsfällen innerhalb kirchlicher Institutionen hat sich die Situation noch einmal grundsätzlich verändert. Kirchen sind hier als Täterinstitutionen in Erscheinung getreten, die im Umgang mit den Opfern viel falsch gemacht haben. Das Recht der Betroffenen auf Aufarbeitung wurde immer wieder übergangen und stattdessen ein kurzsichtig verstandener Schutz der Institution fokussiert. Oft war es erst der Druck der Öffentlichkeit, der in den Kirchen Veränderungsprozesse anstieß. Hinzu kommen theologische Verstrickungen, wie die Idealisierung und theologische Überhöhung von Amtsträgern, die große Machtgefälle unterstützen und so Missbrauch mitermöglichen können. Auch das Maß an struktureller Solidarität mit den Tätern und Täterinnen und die Bereitschaft, die Verbrechen zu vertuschen, stellt für viele Gläubige einen massiven Vertrauensbruch dar.

Betroffene von Gewalt im sozialen Nahraum, die sich mit ihren jeweiligen Kirchen verbunden fühlen, stehen deswegen auch vor theologischen Herausforderungen. Wer nicht bereit ist, einen großen Teil der Wirklichkeit auszublenden, muss das Geschehen in das eigene Bild von Kirche integrieren. Klar ist, dass idealisierte Kirchenbilder wahrscheinlich nie tragfähig waren und es auch jetzt nicht sind. Wie könnte also ein realistisches und theologisch durchdachtes Verständnis von Kirche aussehen, jenseits idealisierter Kirchenbilder?

Die Kirche erhält ihren Wert vom Evangelium her. Sie trägt etwas Wertvolles in sich, das sie weitergeben soll. Um das in einem Bild zu entfalten: Die Kirche gleicht einer Muschel, die eine Perle in sich trägt. Unabhängig von der Perle ist das Innere einer Muschel unansehnlich. Auch vieles, was in den letzten Jahren durch die Aufdeckung der Missbrauchsfälle vom Inneren der Kirche sichtbar wurde, ist extrem hässlich. Manches ist einfach nur ekelerregend. Die Muschel für sich hat nichts Erhaltenswertes oder Wertvolles in sich. Aber sie trägt eine Perle in sich: das Evangelium. Die Muschel für sich mag weder schön noch wertvoll sein. Aber sie ist wichtig, um die Perle durch die Zeit zu tragen. Um der Perle willen ist die Muschel kostbar.

Dieser Vergleich hat auch Grenzen: Anders als eine Muschel die Perle, bringt die Kirche das Evangelium nicht hervor. Auch kann das Innere einer Muschel seine Gestalt nicht verändern und wird immer unansehnlich bleiben. Die Kirchen aber können in Bezug auf die Aufarbeitung von Missbrauch sehr viel tun. Die Verantwortlichen in den Kirchen werden Rechenschaft ablegen müssen, wenn für ihre Zeitgenossen die Schönheit der Perle nicht sichtbar wurde, weil sie von einer Schleimschicht überlagert war. Schließlich ist es vor allem die Schönheit der Perle selbst, neben der die Muschel so schleimig und hässlich erscheint. Die christliche Botschaft steht in einem harten Kontrast zu dem, was durch die Aufdeckung von Missbrauch in der Kirche sichtbar wird. Auch deswegen ist ja der Skandal so groß. Gleichzeitig ist die Kirchenkritik vom Evangelium her diejenige, welche die Kirche am nachhaltigsten verändern wird. Die Kirche trägt mit der Perle des Evangeliums also seine mächtigste Kritik in sich.

Kirchenbilder sind hilfreich, wenn sie die hässlichen Seiten nicht überlagern, aber sie ebenso wenig akzeptieren. Sondern wenn sie Kraft freisetzen, die Kirche vom Evangelium her zu verändern.

## Sexualmoral

Betroffene äußern immer wieder Anfragen an die christlich-religiöse Bewertung von Sexualität. Dabei spielen enge Verknüpfungen von Sexualität mit Scham und Schuld eine Rolle. Ebenso aber auch das weitestgehende Schweigen christlicher Sexualmoral gegenüber dem Thema sexueller Gewalt. Auch hier werden die dunklen Flecken eines patriarchalen Standpunktes sichtbar. Christliche Sexualethik speiste sich in weiten Teilen der Kirchengeschichte aus der Lebenserfahrung und damit auch den Interessen von Männern. Die Perspektiven und Nöte von Frauen und Kindern blieben so ungehört.

In der traditionellen christlichen Sexualmoral wurde Sexualität meist mit Fokussierung auf die Zeugung von Kindern gesehen. Dies ist auch von daher verständlich, als zuverlässige und unkompliziert verfügbare Verhütungsmittel historisch ein relativ junges Phänomen sind. Zu den meisten Zeiten war Geschlechtsverkehr mit einer verhältnismäßig großen Wahrscheinlichkeit der Entstehung von Kindern verbunden. Für diese Nachkommen sollte mit einer Ehe zwischen den Eltern ein gesicherter Rahmen zur Verfügung gestellt werden. So weit, so sinnvoll. Christliche Sexualethik fokussierte sich entsprechend lange Zeit auf die Ehe als stabilen familiären Rahmen für aufwachsende Kinder. Von dieser Warte aus wurde Sexualität betrachtet. Vereinfacht gesagt war deshalb heterosexueller Sex innerhalb der Ehe richtig und außerhalb der Ehe falsch, weil der gesellschaftlich geschützte Rahmen eben gegeben oder nicht gegeben war. Aspekte wie die emotionale Beziehung der Partner oder die sexuelle Lust waren nachgeordnet.

Diese primäre Orientierung an der Ehe zur ethischen Bewertung von Sexualität hatte und hat aber Defizite. Denn viele dunkle Flecken blieben auf diese Weise ausgeblendet. So wurde über viele Jahrhunderte die Vergewaltigung in der Ehe nicht als Problem erkannt. Erst als die patriarchale Gesellschaftsordnung Stück für Stück zu bröckeln anfing und die Stimmen von Frauen hörbarer wurden, setzte nach und nach ein Umdenken ein. Es wurde klar, dass es zu kurz gegriffen ist, Sexualität einfach als richtig zu bewerten, weil sie innerhalb einer Ehe stattfindet. Und es wurde auch deutlich, dass nicht einfach jede Form von Sex, die außerhalb der Ehe stattfindet, abgewertet werden kann.

Die hohe Stellung der Ehe aus Mann und Frau führt in christlicher Sexualmoral immer wieder zu einer Abwertung von Homosexualität. Dies berührt eine größere Debatte. Für diesen Zusammenhang ist aber eine Feststellung wichtig: Ohne das numerisch genau beziffern zu können, gehört ein signifikanter Anteil Betroffener der LGBT-Szene an. Viele von ihnen leiden stark unter der Diskriminierung in Gemeinden. Den an sich schon zahlreichen Herausforderungen und Entfremdungen in Bezug auf Glaube und Gemeinden wird so noch eine weitere hinzugefügt. Die Ausgrenzung wird verstärkt, wenn Betroffenen signalisiert wird, sie seien in einem grundlegenden Aspekt ihrer Persönlichkeit verkehrt.

Moderne christliche Sexualethiken haben hier dazugelernt. Die Entwicklung geht weg von einer Fokussierung auf die Institution der heterosexuellen Ehe hin zum Blick auf die Beziehungen und Situation der Sexualpartner. Außerdem wird die Orientierung am Dreifachgebot der Liebe stärker. Ethisch gesehen ist Sex vor allem dann gut, wenn er der Selbst- und der Nächstenliebe entspricht. Dann entspricht er auch der Liebe zu Gott, der uns die Sexualität zum Geschenk gemacht hat. Im biblischen Hohelied der Liebe wird Sexualität gefeiert. Man könnte das Hohelied der Liebe auch das Kamasutra der Juden und Christen nennen.[23] Die Bibel, die zu Gott hinführen will, feiert die Freuden der menschlichen Sexualität in einem eigenen Buch. Das ist eine starke Botschaft.

Hier soll ein Vorschlag gemacht werden, in welchen Bahnen dieses Geschenk genossen werden kann.

### Kriterien für Sexualethik

Für eine zeitgemäße christliche Sexualethik können drei Kriterien als grundlegend gesehen werden: Einvernehmlichkeit, Gerechtigkeit und Beziehungsqualität.

Einvernehmlichkeit: Dieser Begriff klingt etwas sperrig. Er stammt aus dem Rechtswesen und bedeutet so viel wie „in wechselseitigem Einverständnis". Gemeint ist im Zusammenhang von Sexualethik, dass mündige Partner dem Sex willentlich zugestimmt haben. Dafür sind einige Voraussetzungen notwendig, von denen manche auch in Recht gegossen sind.

- Zwanglosigkeit: Einvernehmlichkeit bedeutet, dass keinerlei Zwang besteht und alle Beteiligten aus freiem Willen heraus „Ja" gesagt haben. Zwang kann physisch (körperliche Gewalt) oder psychisch (sozialer Druck, Erpressung) ausgeübt werden. Abgesehen von rechtlichen Belangen ist erzwungener Sex wohl das denkbar größte Gegenteil von Nächstenliebe. Und auch erzwungener Sex in der Ehe ist eine Vergewaltigung.
- Alter: Das Lebensalter ist für ein mündiges Einverständnis insofern unerlässlich, als es einer gewissen Entwicklung bedarf, um sich selbstständig und möglichst frei von Beeinflussung zu entscheiden. In Deutschland gilt für Kinder unter 14 Jahren eine Schutzaltersgrenze. Sexuelle Handlungen, an denen ein Kind beteiligt ist, sind immer eine Straftat. Jugendliche im Alter von 14 und 15 Jahren genießen ebenfalls besonderen Schutz. Sexualpartner dürfen hier nicht älter als 21 Jahre sein.

- Keine Abhängigkeitsverhältnisse: Personen zwischen 16 und 18 Jahren sind noch einmal gesondert vor sexuellen Handlungen durch Autoritätspersonen geschützt. Also Menschen, die qua Position in der Erziehung, Arbeit oder Betreuung eine Machtposition über die Jugendlichen haben. Auch hier sind Sexualkontakte sexueller Missbrauch. Abhängigkeitsverhältnisse können aber auch zwischen Erwachsenen bestehen, zum Beispiel zwischen PatientInnen und TherapeutInnen oder Beseelsorgten und SeelsorgerInnen. Auch hier liegt sexueller Missbrauch vor. Ethisch gesehen gehören zur Einvernehmlichkeit symmetrische Machtverhältnisse.
- Drogen: Um sich frei entscheiden zu können, ist es wichtig, einen klaren Kopf zu haben. Unter starkem Einfluss von Alkohol oder Drogen sind deswegen viele Szenarien möglich, in denen kein wirkliches Einvernehmen denkbar ist.

Das zweite Kriterium einer zeitgemäßen christlichen Sexualethik ist Gerechtigkeit. Wobei Gerechtigkeit hier stark von ihrem biblischen Verständnis her gedacht wird. Im Alten Testament bedeutet *„Zedakah“* so viel wie Fürsorge, Aufrichtigkeit, Barmherzigkeit und Beziehungstreue. Jemand ist dann gerecht, wenn er/sie sich um die Menschen sorgt, die ihm/ihr anvertraut sind. Das sind vor allem der Umkreis der Familie und die Schwachen in einer Gesellschaft. Für eine zeitgemäße Sexualethik ist das auf zweifache Weise relevant.

Zum einen, wenn es um bestehende Partnerschaften geht. Sex mit dem Partner oder der Partnerin ist eine Feier des Lebens und der Liebe. Und sie ist eine Weise, füreinander körperlich und seelisch zu sorgen. Umgekehrt ist für eine christliche Sexualethik eben durchaus wichtig, ob durch Sex mit einer anderen Person das Vertrauen in bestehenden Beziehungen gebrochen wird. Also kurz gesagt: Untreue und Nächstenliebe passen nicht zusammen.

Zum anderen bezieht sich Gerechtigkeit auch auf den Umgang mit den Schwachen in einer Gesellschaft. Damit ist das Thema der Prostitution betroffen. Abgesehen von kriminellem Menschenhandel, den es in diesem Bereich immer wieder gibt, widersprechen sich Gerechtigkeit und die Ausnutzung wirtschaftlicher Notlagen. Nun ist die ethische Bewertung von Prostitution strittig. Ich finde deswegen ein Gedankenexperiment hilfreich: Denken Sie an einen Menschen, der Ihnen wirklich wichtig ist: Sie selbst, Ihre Tochter, Mutter oder Ihr Sohn. Denken Sie intensiv an eine Person, die Ihnen wirklich viel bedeutet. Und dann überlegen Sie, wie Sie es finden würden, wenn diese Person irgendwelchen unattraktiven Leuten gegen Geld sexuell zu Willen wäre?

Es geht bei christlicher Ethik allerdings nicht darum, Prostituierte zu stigmatisieren. Vor allem weil viele selber Betroffene sind und sexuellen Missbrauch erlebt haben. Deswegen noch einmal zurück zu dem Gedankenexperiment: Gesetzt den Fall, diese Person würde sich prostituieren. Was könnte dieser Mensch brauchen, um sich nicht auf diese Weise verkaufen zu müssen? Bei der Antwort auf diese Frage sind wir an einem guten Ausgangspunkt christlicher Ethik.

Das dritte Kriterium für christliche Sexualethik ist schließlich Beziehungsqualität. Denn Liebe ist ein Beziehungsgeschehen. Wenn sich eine Liebesbeziehung entwickelt, will sie sich irgendwann auch körperlich ausdrücken. Die Frage ist, wann der richtige Zeitpunkt dafür ist. Wann vertraue ich jemandem so, dass ich ihn so nah an mich heranlassen will? Eine Grundregel kann sein, dass seelische Annäherung der körperlichen Annäherung vorausgehen sollte. Es hat auch etwas mit Selbstliebe zu tun, für sich gesunde Grenzen zu ziehen.

Gott sei Dank leben wir in einer Zeit, in der es eine Vielzahl von Verhütungsmitteln gibt. Dennoch bleibt bei heterosexuellem Geschlechtsverkehr trotz Verhütung eine gewisse Restwahrscheinlichkeit für Schwangerschaften. Zu Beziehungsqualität gehört auch, dass zwei Menschen sich so gut kennen und vertrauen, dass sie miteinander mit der Möglichkeit entstehenden menschlichen Lebens umgehen können.

Damit wäre der Vorschlag für die drei Grundkriterien einer zeitgemäßen christlichen Sexualethik umrissen. Der Vorschlag hat gegenüber einer traditionellen Ethik drei Vorteile:

- Er bricht mit Tabus, welche die Rede über sexuelle Gewalt erschweren. Die hellen Seiten der Sexualität werden gefeiert und die dunklen beleuchtet.
- Er orientiert sich stark an der Selbst-, Nächsten- und Gottesliebe und nimmt damit das biblische Zeugnis ernster als mancher biblizistische Entwurf.
- Er entspricht besser den Lebensverhältnissen moderner Menschen und kann deswegen tatsächlich Orientierung geben.

Mit dem hier Geschriebenen ist nicht alles zum Thema Sex gesagt. Vor allem zum Thema Sexualität und Trauma wären noch verschiedene Perspektiven wichtig. An dieser Stelle ging es aber lediglich um einige Grundüberlegungen, in welche Richtung sich christliche Sexualethik entwickeln kann, um dem Thema sexuelle Gewalt die Aufmerksamkeit zu schenken, die es verdient.

## Sünde, Schuld und Scham

Wenige Begriffe der christlichen Theologie werden so oft missverstanden oder fragwürdig gebraucht wie der Begriff der Sünde. In der Populärkultur wird damit häufig ausgedrückt, dass etwas genussvoll, aber auch ein bisschen verboten ist. So hatte zum Beispiel Langnese einmal sein Magnum-Eis nach den sieben Todsünden benannt. Käufern wird suggeriert: Es gibt gute Gründe dagegen, aber es hat doch auch einen besonderen Reiz, sich über (Ernährungs-)Regeln hinwegzusetzen. Gerade weil es ein bisschen verboten ist, hat es etwas Prickelndes. In einer ähnlichen Bedeutung wird Sünde landläufig mit Sex verbunden. Diese Verbindung meint aber meist nicht die dunklen Seiten von Sex wie sexuelle Gewalt oder Menschenhandel in der Prostitution. Vielmehr geht es um den genussvollen Übertritt spröder bürgerlicher Moral. Der Begriff der Sünde eignet sich in unserer Gesellschaft besser für Unterwäschewerbung als für ein ernsthaftes Nachdenken über das Leben.

Um ein sehr viel tragischeres Missverständnis handelt es sich, wenn Sünde mit einem abwertenden Blick auf sich selbst und vor allem die eigene Sexualität verbunden wird: Sünde als Verdorben-Sein, Schmutzig-Sein, Schuldig-Sein. Ein so geprägtes Selbstbild kann durch den Begriff der Sünde noch verstärkt werden. Das Gefühl, sündig zu sein, erzeugt Scham: „Ich bin falsch und schmutzig vor Gott." Für Betroffene, die eine strenge religiöse Erziehung durchlaufen haben oder sich in einem sehr religiösen Umfeld befinden, kann sich ein solcher (miss-)verstandener Sündenbegriff einprägen. In einem religiösen Umfeld ist es auch möglich, dass Täter den Opfern Schuld und Sünde einreden, damit diese statt sich zu wehren das Problem bei sich selber suchen.

Die genannten Gruppen von Beispielen verstehen den Begriff der Sünde verkürzt. Die erste Gruppe verflacht und banalisiert ihn, die zweite Gruppe verformt bzw. entstellt ihn.

Dabei geht es bei Sünde um etwas anderes. Das christliche Menschenbild geht davon aus, dass ein Mensch in Beziehung zu sich selbst, zur Welt und zu Gott lebt. Nun sagt der Begriff der Sünde, dass diese Beziehungen nicht intakt, sondern auf tiefe Weise gestört sind. Wir leben in einem Zustand der „Entfremdung", wie das ein Theologe einmal formuliert hat. Dies wird uns gegenwärtig im Umgang mit der Schöpfung wieder neu bewusst. Der Mensch lebt in unserer Wirtschaftsgesellschaft nicht im Einklang mit der Natur, sondern beutet sie aus und zerstört sie. Er kann kaum leben, ohne dass sein Leben auf Kosten von natürlichen Lebensräumen und anderem Leben geht.

Der christliche Glaube sagt, dass diesen Verstrickungen die gestörte Beziehung zwischen Gott und Mensch zu Grunde liegt. Weil diese Beziehung zwischen Gott und Mensch gestört ist, ist es auch die Beziehung des Menschen zu seinem Selbst und zur Welt. Die christliche Rede über Sünde bedeutet also: Der Mensch lebt im Kern nicht in Harmonie mit Gott und deswegen nach außen auch nicht mit sich selbst und der

Welt um ihn herum. Diese gestörte Gottesbeziehung ist mit „Sünde“ gemeint.

In der Bibel sind Gewalt und Sünde eng miteinander verbunden. Und auch für einen Menschen unserer Zeit hat die Kategorie der Sünde im Angesicht von Gewalt und Missbrauch eine hohe Plausibilität. Überall wo Menschen leben, geschieht es, dass Männer ihre Frauen schlagen und Eltern ihre Kinder missbrauchen und eben besonders das nahe soziale Umfeld für Menschen zum gefährlichsten Ort wird. Der Blick auf die Schattenseiten des Lebens macht die Kategorie „Sünde“ sehr plausibel. Und der Begriff der Sünde wird dabei nicht nur auf den Menschen, sondern auf die ganze Welt bezogen. Wir leben in einer gefallenen Welt. Die Welt ist aus den Fugen geraten und in ihr geschehen Dinge, die zutiefst widergöttlich sind.

Dass Sünde den Menschen und die Welt betrifft und zeichnet, ist nicht das Erste und Einzige, was über den Menschen oder die Welt gesagt werden kann. Am Anfang der Bibel steht, dass die Welt Gottes Schöpfung und der Mensch Ebenbild Gottes ist. Aber es gehört eben auch zu einem realistischen Welt- und Menschenbild dazu, die Abgründe und das Destruktive zu benennen. Und dies geschieht innerhalb des christlichen Glaubens unter dem Schirm des Begriffes Sünde.

Daraus wird zweierlei klar: Besonders im Angesicht von Gewalt im sozialen Nahraum hat die Rede über Sünde etwas sehr Realistisches, weil sie der Rede über das Abgründige im Menschen Raum gibt. Sie hat aber gleichzeitig etwas hoch Problematisches, weil sie leicht missverstanden werden kann und dann das ohnehin negative Selbstbild, das viele Betroffene haben, noch weiter verstärkt.

Die US-amerikanische Theologin Mary Potter Engel beschreibt in einem Artikel, der besonders die Perspektive von Gewaltbetroffenen einbeziehen will, dass sich die Rede über Sünde mit einer Hydra vergleichen lasse.[24] Die Hydra ist eine Figur aus der griechischen Mythologie, eine Art gefährlicher Riesenschlange mit vielen Köpfen. Der Kampf gegen sie ist sehr schwierig, weil ihr für jeden abgeschlagenen Kopf zwei neue wachsen. Der Versuch, sie zu besiegen, kann sie also noch viel gefährlicher machen.

Sehr ähnlich ist es auch mit dem Versuch, der Sünde habhaft zu werden. Sie zu ignorieren, ist nicht weiterführend, dazu ist sie zu gefährlich. Aber der Versuch, sie klar zu benennen und anzuklagen, kann sie noch viel gefährlicher machen.

Dies liegt auch daran, dass sich die Entfremdung von Gott in den Beziehungen einzelner Menschen zu sich selbst und zur Welt nicht nur sehr unterschiedlich äußern kann. Sie kann dies sogar absolut gegenläufig tun.

Als ein Beispiel benennt Mary Potter Engel die Empfindungen Selbstliebe und Stolz. Es kann ein Ausdruck einer gestörten Beziehung zu sich selbst sein, einen ausgeprägten Narzissmus zu entwickeln und Selbstliebe und Stolz zu übertreiben. Alles kreist dann um das eigene Ego, um Selbstbestätigung und das eigene Ansehen. Andere Menschen werden abgewertet und womöglich nur als Mittel zum Zweck für die eigenen Interessen ge- oder missbraucht. Weil dies lebenszerstörerisch ist, wurden Selbstliebe und Stolz in der christlichen Tradition immer wieder kritisiert und als Beispiel für Sünde benannt. Nun wurde bei dem Versuch, Sünde konkret zu benennen, der Hydra aber häufig ein Kopf abgeschlagen, an dessen Stelle zwei andere nachwachsen. So ist die Hydra noch gefährlicher. Denn eine gestörte Beziehung zu sich selbst kann sich auch in zu wenig Stolz und Selbstliebe äußern. So geht es vielen Betroffenen. Es fällt ihnen häufig schwer, gut zu sich selber zu sein und die eigenen Bedürfnisse auch einmal den Bedürfnissen anderer Menschen vorzuordnen. Da ist zu wenig Stolz und Selbstliebe. Diese Tendenz kann dann noch verstärkt werden, wenn Betroffene eine Deutung von Sünde in dem erstgenannten Sinn übernehmen und sich kleinmachen. Der Versuch, die Sünde zu überwinden und also z. B. weniger stolz zu sein, verstärkt die Störung in der Beziehung zu sich selbst nur noch.

Was hier am Beispiel von Selbstliebe und Stolz ausführlicher gezeigt wurde, lässt sich auch an anderen häufig mit Sünde verbundenen Themen zeigen. Der Hang zu Genuss kann für einen Menschen in einen selbstbezogenen Hedonismus führen. Für einen anderen Menschen ist bewusster und intensiver Genuss eine Fähigkeit, die sich für eine innere Heilung weiter entwickeln muss. Ähnliches ließe sich über Zorn sagen. Zu viel Zorn kann Ausdruck von Sünde sein, zu wenig Zorn im Angesicht von Ungerechtigkeit aber ebenso. Alles zu sexualisieren ist womöglich Folge einer inneren Beziehungsstörung. Kein Sex kann aber auch Ausdruck von Sünde sein.

Die Rede über Sünde ist kein Selbstzweck. Sie ist ein gefährliches, aber auch notwendiges Unterfangen. Eben weil die Sünde so gefährlich ist, sagt der christliche Glaube auch, dass nur Gott die Sünde endgültig überwinden kann. Menschen können alleine nicht mit ihr fertig werden. Denn jede menschliche Rede über Sünde ist selbst der Sünde unterworfen. Deswegen ist sie anfällig für Missverständnisse. Häufig waren es Männer mit viel Macht und einer herausgehobenen gesellschaftlichen Stellung, die das Verständnis von Sünde geprägt haben. Für deren Lebensrealität war das Benannte oft richtig, die Lebensrealität anderer Menschen vor allem in weniger privilegierter Position kann aber ganz anders sein.

Der Blick auf die Sünde soll das enttarnen, was unser Leben hindert und unsere Beziehung zu Gott, uns selbst und der Welt stört. Im christlichen Glauben geht es deswegen darum, dass Gott die Sünde überwindet und das auch jetzt schon in unserem Leben sichtbar wird. Dazu gehört der Blick auf das Schöne und Gute im Leben, aber auch ein möglichst ehrlicher Umgang mit der Dunkelheit.

Das Thema der Sünde überlagert sich an einigen Stellen mit dem Thema Schuld. Der große Hauptunterschied besteht darin, dass Sünde vor allem besagte Beziehungsstörung beschreibt, während es bei Schuld um die Verantwortung für die Folgen dieser Beziehungsstörung geht. Beides strahlt aufeinander aus. Es ist aber auch wichtig, beides zu unterscheiden.

Wenn wir über das Thema Schuld reden, ist es erst einmal wichtig, Schuld und Schuldgefühle zu unterscheiden. Schuld oder in der Fachsprache gesagt „Realschuld" bedeutet, die tatsächliche Verantwortung für ein Geschehen zu tragen. Ein Mensch, der einem anderen Menschen Gewalt antut, trägt Schuld. Schuldgefühle hingegen bedeuten, sich für etwas verantwortlich zu fühlen.

Das Tückische ist nun, dass Schuld und Schuldgefühle keineswegs zusammenfallen müssen. Sie können das; zum Beispiel wenn jemand einem anderen Menschen etwas antut, Schuld trägt und sich entsprechend auch schuldig fühlt.

Es kann aber ebenso sein, dass jemand, der für die Gewalt an einem anderen Menschen verantwortlich ist, sich überhaupt nicht schuldig fühlt. Menschen sind Meister in der Verdrängung, auch was die eigene Schuld angeht. Es gibt Menschen, die Schreckliches getan haben, aber die Verantwortung dafür verdrängen. Oder die das Geschehene durch alle möglichen gedanklichen und emotionalen Konstruktionen so vor sich selbst rechtfertigen, dass sie keine Schuldgefühle empfinden. Gewaltbetroffene berichten sogar weit überwiegend von TäterInnen, die Furchtbares getan haben, aber ihre Schuld nicht einsehen. Natürlich gibt es TäterInnen, die von Schuldgefühlen innerlich zerfressen sind. Aber das ist eher die Minderheit. Das Bild von dem sein Leben lang innerlich mit bitteren Schuldgefühlen ringenden Täter ist ein von vielen Menschen künstlich aufrechterhaltenes Bild. Denn es entlastet und gibt das Empfinden wieder, dass die Welt ein gerechter Ort sei, an dem das Schlechte irgendwie auf den Täter zurückfällt. Auch in der Bibel gibt es den sogenannten Tun-Ergehen-Zusammenhang. Wer Schlechtes tut, dem ergeht es schlecht. In späteren Texten der Bibel, zum Beispiel dem Buch Hiob, wird dieser Tun-Ergehen-Zusammenhang aber als unrealistisch kritisiert. Manchmal leben die Schlechten eben auch sehr gut, ohne dass das Böse, das sie tun, in dieser Welt sie einholt oder sie irgendwelche Schuldgefühle haben. Es ist möglich, Schuld zu tragen, aber überhaupt keine Schuldgefühle zu empfinden. Sünde kann sich in den Beziehungen zu Selbst und Welt eben auch so ausdrücken, dass Menschen kein Bewusstsein dafür haben, was sie an anderen Menschen verbrochen haben.

So wie Schuld ohne Schuldgefühle möglich ist, so sind es aber auch Schuldgefühle ohne Schuld. Vor allem dies erleben Betroffene. Sie fühlen sich schuldig für etwas, an dem sie keine tatsächliche Verantwortung tragen. Diese Schuldgefühle können erdrückend sein und Menschen manchmal ihr Leben lang quälen. Die Traumawissenschaftlerin Judith Herman hat in ihrem Buch „Die Narben der Gewalt" sehr eindrücklich beschrieben, warum so häufig vor allem Opfer von Gewalt starke Schuldgefühle entwickeln.[25] Sie beschreibt die Situation eines Kindes, das von den eigenen Eltern missbraucht wird. Die Lage ist aussichtslos, weil das Kind auf die Eltern angewiesen ist. Es gibt in der Welt des Kindes keine Möglichkeit, den nahezu allmächtig erscheinenden Eltern zu entfliehen. In dieser unerträglichen Situation setzt der psychische Mechanismus der Selbstbezichtigung ein. Das Kind gibt sich selber die Schuld am Geschehen. Denn wenn es selber verantwortlich ist, heißt das auch, dass es womöglich Macht hat, das Geschehene in Zukunft zu verhindern. Wenn das Kind selber den Missbrauch gewollt oder provoziert hat, kann es ihn vielleicht auch abwenden. Durch die Selbstbezichtigung wird die Illusion der Beeinflussbarkeit einer ausweglosen Situation aufrechterhalten. Schuld ist einfacher zu ertragen als Ohnmacht. So ergeht es vielen Opfern von Gewalt, die aus ihrer Situation nicht fliehen konnten. Wie bei anderen Traumafolgen aber auch kann etwas, das in einer konkreten Gefahrensituation hilfreich ist, langfristig großes Leiden verursachen. So wird die Selbstbezichtigung für viele Betroffene zum Lebensmuster. Nicht nur an der Gewalt, sondern auch an vielem anderen, wofür sie keine oder kaum Verantwortung haben, fühlen sie sich schuldig.

Beziehen wir uns noch einmal zurück auf den Begriff „Sünde". Der Weg zur Überwindung der Sünde verläuft bei TäterInnen und Betroffenen in genau entgegengesetzte Richtung. TäterInnen müssen sich die Schuld erst einmal bewusst machen. Für die Opfer hingegen führt der Weg zur Überwindung von Sünde über die Erkenntnis der eigenen Unschuld.

Sehr ähnlich verhält es sich auch mit Scham. Schuld und Scham sind etwas Unterschiedliches, haben aber Schnittmengen. Schuld bedeutet „Ich habe etwas Falsches gemacht", während Scham eher sagt „Ich bin falsch". Und auch Schamgefühle können eine starke Eigendynamik entwickeln. Sie können dazu führen, sich selber als schmutzig und verdorben zu sehen. Kerstner, Haslbeck und Buschmann schreiben: „Die Scham, das Gefühl, beschmutzt und unwert zu sein, macht vor dem Glauben nicht Halt. Auch vor Gott schämt sich das Missbrauchsopfer. Es ist sicherer, sich vor Gott zu verbergen."[26] Auch hierin wird wieder die beschriebene Dynamik der Sünde sichtbar. Es findet eine Umkehr statt. Opfer empfinden das, was eigentlich TäterInnen fühlen sollten, bis in den Glauben hinein.

Für Betroffene bedeutet Überwindung der Sünde, Schamgefühle hinter sich zu lassen und die eigene Schönheit und Gottebenbildlichkeit immer stärker zu entdecken.

## Vergebung

Im Neuen Testament wird dabei viel darüber nachgedacht, warum der Weg Jesu ihn an das Kreuz führte. Gott hätte die Menschen auf verschiedene Weise erlösen können. Warum hat er es auf diese Weise getan?

Vielleicht weil das Kreuz uns etwas sehr Wichtiges sagt und etwas von Gott zeigt, das sonst nicht hätte sichtbar werden können. Nämlich, dass über Gott und den Glauben nicht an der Perspektive der Leidenden vorbei gesprochen werden kann. Jesus wurde durch seinen Tod am Kreuz zum Gewaltopfer. Das Schicksal von Jesus, durch das die Sünde in der Welt überwunden wurde, stellt ein Gewaltopfer vor Augen. Die Rede über Vergebung ist deshalb nicht am Schicksal der Opfer vorbei möglich.

Das ist in seiner Bedeutung für den christlichen Glauben nicht zu überschätzen. Zumal dies in der Geschichte des Christentums immer wieder getan wurde. Es wurde und wird häufig über die Vergebung für TäterInnen gesprochen, ohne nur einen Blick auf die Wunden ihrer Opfer zu werfen.

Es ist eine menschliche Tendenz, das Schicksal der Opfer zu verdrängen. Diese Tendenz zeigt sich auch im religiösen und theologischen Denken. Aber das Kreuz stellt dies in Frage. Rede über Vergebung geht im christlichen Glauben nicht an den Opfern vorbei.

Das ist für eine traumasensible Theologie elementar wichtig. Allerdings machen viele Betroffene mit dem Thema der Vergebung in christlichen Kontexten sehr negative Erfahrungen. Imbens und Jonker haben in ihrem Buch einige Stimmen von betroffenen Frauen zum Thema Vergebung gesammelt: „‚Es ist ein belastetes Wort‘ (Ingrid). ‚Hauptsächlich negative Dinge: furchtbar, schrecklich‘ (Ellen). ‚Aggression‘ (Karen). ‚Trauer, Zorn‘ (Christine). ‚Nichts Positives‘ (Susan). ‚Nicht wissen, was ich tun soll. Negative und aggressive Gefühle und Unbehagen‘ (Cathy). ‚Negativ‘ (Charlotte). ‚Nicht wütend werden dürfen. Deprimiert sein‘ (Amy). ‚Sich schuldig und deprimiert fühlen und nicht wissen warum‘ (Tina).“[27]

Diese Aussagen sprechen eine deutliche Sprache. Tatsächlich ist die Thematik für viele Betroffene sehr negativ besetzt. Warum ist das so?

Schauen wir uns dazu erst einmal an, was das Wort Vergebung bedeutet.

Im allgemeinen Sprachgebrauch bezeichnet es das Erlassen einer Schuld. Wenn mir jemand etwas antut, schuldet er mir eine Entschädigung, materiell oder emotional. Wenn ich einer Person vergebe, erlasse ich ihr, was sie mir eigentlich noch schuldig wäre.

Vergebung hat im Christentum einen hohen Stellenwert. Gott ist großzügig zu uns, also sollen auch wir zueinander großzügig sein. Er hat das fundamentalere Problem der Sünde überwunden, zwischenmenschliche Schuld kann demgegenüber an Gewicht verlieren. Nun hat das Neue Testament beim Thema der Vergebung vor allem kleinere Konflikte innerhalb von Gemeinden vor Augen und betont deswegen immer wieder Großzügigkeit und Vergebungsbereitschaft. Das Neue Testament kennt aber auch viele Situationen, in denen nicht Vergebung, sondern Bestrafung der Täter und Gemeindeausschluss die gebotenen Mittel sind. Dies fügt sich in die Stimme des Alten Testaments, das fortwährend auf der Geltung von Recht und Gerechtigkeit beharrt. Vergebung und Gerechtigkeit lassen sich also nicht gegeneinander ausspielen. Vergebung ist wichtig, hat aber auch Grenzen.

Allerdings gibt es in vielen Predigten, christlicher Ratgeberliteratur und innerhalb von Gemeinden ein problematisches Verständnis von Vergebung. Vergebung wird als etwas verstanden, das Menschen durch die Kraft ihres Willens tun können, wenn sie es nur fest genug wollen. Der Mensch kann also selber entscheiden, was er vergibt oder nicht vergibt. In Predigten werden immer wieder Vergebungs-Heldengeschichten erzählt, in denen Personen, die möglichst schnell möglichst viel vergeben haben, als große Ideale hingestellt wurden. Dies wird dann mit dem Ratschlag an die Gemeinde weitergereicht, es diesen ähnlich zu tun. Denn wenn jemand etwas vergibt, wird ihn das Vergebene nicht mehr belasten, sondern gehört dann der Vergangenheit an.

Dies nun steht in krassem Widerspruch zu der Erfahrung vieler Betroffener. Denn das Trauma ist eben nicht vergangen. Die Gewalt setzt sich in ihrem Leben auf verschiedene Weise fort. Durch Flashbacks, Körperschmerzen, Stresssymptome oder andere Traumafolgen wird die Gewalt immer wieder erlebt. Oder sie scheint vergangen, aber bricht in späteren Lebensphasen wieder auf. In dem Kapitel über Trauma wurde deutlich, dass all das Prozesse sind, die sich nicht mit dem menschlichen Willen steuern lassen. Die Ursachen reichen sehr viel tiefer und sind in Gehirn und Körper verankert. Zu Betroffenen direkt oder indirekt zu sagen, dass sie vergeben sollen, macht wenig Sinn. Zu jemandem, der schwere Gewalt erlebt hat, zu sagen „Vergib doch endlich, dann geht es dir auch besser", ist in etwa wie die Aussage „Lass dir doch endlich längere Beine wachsen, dann kannst du schneller gehen". Natürlich ginge es den Betroffenen dann besser, natürlich kann man mit langen Beinen schneller gehen. Doch so wenig sich einfach das Wachstum der Beine beeinflussen lässt, so wenig lässt sich auch die Heilung eines Traumas durch einen besonders kraftvollen Willensakt erzwingen. Es ist absurd, von Betroffenen einzufordern, sie sollten etwas der Vergangenheit anheimstellen, das in der Gegenwart nach wie vor spürbar ist. Doch durch unerfüllbare Vergebungsforderungen wird die Verantwortung für das Anhalten der Traumafolgen nicht bei der Tätergewalt gesucht, sondern einem moralischen Defizit der Betroffenen zugeschrieben. Die Verantwortung wird von den TäterInnen auf die Opfer übertragen. Nach dem Motto: „Jemand, der nicht vergeben kann, ist ja ein bisschen selber schuld.“ So werden Schuldgefühle verstärkt und den Betroffenen zugemutet, den Verantwortungsweg für die TäterInnen zu verkürzen. Dabei sind es doch meist die Betroffenen selbst, die am stärksten darunter leiden, dass keine Vergebung möglich ist. Weil Betroffene selbst gerne das Trauma loslassen würden, sich selber wünschen, dass es verschwindet. Wer sonst als das Opfer soll sich denn mehr wünschen, dass die Gewalt endlich aufhört? Manchmal flüchten sich Betroffene deswegen auch in unrealistische Vergebungsphantasien, von deren Scheitern sie dann aber später häufig wieder eingeholt werden. Dieses Dilemma durch moralische Forderungen von außen noch weiter zu verstärken, ist wenig hilfreich.

Doch obwohl es so unsinnig und fraglich ist, werden Betroffene sehr häufig mit Vergebungsforderungen konfrontiert. Das hat einen logischen Grund. Traumata sind schwer zu ertragen. Jeder will, dass sie verschwinden, nicht nur die Opfer, sondern auch deren Umfeld ebenso wie häufig das Umfeld der Täter. Vergebung scheint eine Option zu sein, um das Unerträgliche der Vergangenheit anheimzustellen. Diese Option wird besonders dann energisch verfolgt werden, wenn durch die Aufdeckung des Traumas der Zusammenhalt einer Gemeinschaft gefährdet ist, sei es einer Familie oder einer Kirchengemeinde. Wenn das Opfer vergibt, ist die Gemeinschaft nicht weiter belastet. Dies gilt noch einmal stärker, wenn TäterInnen und deren Verbündete in der Gemeinschaft eine machtvolle Position innehaben. Das Reden über Vergebung kann auf diese Weise sehr leicht als ein Verdrängungsinstrument zu Lasten der Opfer missbraucht werden.

Wer großherzig von Vergebung spricht und allgemein Vergebungsbereitschaft einfordert, befindet sich deshalb nicht automatisch in einer Position moralischer Überlegenheit. Vielmehr besteht die Gefahr, schmerzhaften Wahrheiten durch sich selbst entlastende Mechanismen ausweichen zu wollen. Dies gilt auch für Predigten, die durch Vergebungsheldengeschichten („Noch am Abend nach dem Anschlag vergab die Mutter dem Attentäter, der ihre drei Kinder tötete") moralischen Druck aufbauen oder mit dem Wort „Vergebung" inflationär um sich schmeißen, als wäre es ein billiges Sonderangebot aus dem Supermarkt.

Weil uns das christliche Vergebungsgeschehen zwischen Gott und Mensch in Jesus ein Gewaltopfer vor Augen stellt, ist es unangemessen, über Vergebung an der Perspektive von Gewaltopfern vorbei zu sprechen. Auch Jesus hat am Kreuz seinen Folterern nicht vergeben. Er hat nach dem Lukasevangelium am Kreuz ein Gebet für sie gesprochen: „Vater, vergibt ihnen, denn sie wissen nicht, was sie tun." (Lukas 23,34) Nicht weniger, aber eben auch nicht mehr. Wer kann sich also anmaßen, von Opfern von Gewalt mehr zu verlangen, als Jesus selbst getan hat?

## Leiden

Die Themen der Sünde, Schuld und Vergebung berühren die Frage nach dem Sinn oder Unsinn von Leiden. Es ist die große Frage nach dem „Warum?". „Warum muss ich das durchmachen?" „Warum passiert so etwas ausgerechnet mir?" Dies sind bedrückende Fragen. Traumatische Gewalt kann das Weltbild und Selbstbild grundlegend erschüttern. Der innere Lebenskompass ist beschädigt und gibt keine klare Orientierung mehr. Die Frage nach dem Sinn ist ein Versuch, diesen Kompass wiederherzustellen.

Weil wir ihn brauchen, müssen wir ihn neu zusammensetzen und fragen, was uns Orientierung gibt. Dies tun wir auch, indem wir nach dem Sinn von Ereignissen fragen. Auf dem Weg, den Lebenskompass wieder zusammenzusetzen, kann der Glaube wichtige Bauteile beitragen. Die Frage ist allerdings, welches Bauteil an welche Stelle kommt. Denn wir verwenden nicht jedes Kompass-Teil automatisch richtig.

Je nachdem wie der Lebenskompass in uns zusammengesetzt wird, kann er uns in unterschiedliche Richtungen lenken. Nicht alle davon sind allerdings hilfreich. Denn der Kompass kann auch so zusammengebaut sein, dass er nicht hilft, aus dem Leiden herauszufinden. Er kann uns auch tiefer in den Sumpf des Leidens hineinführen. Tragischerweise gibt es auch im christlichen Glauben einige Bauteile, die falsch verwendet in so eine Richtung führen. Das ist vor allem in Situationen gefährlich, in denen die Gewalt anhält und eine akute Bedrohung darstellt. Wenn das eigene Leben oder das Leben von Menschen, die uns anvertraut sind, akut bedroht wird, ist es gefährlich, wenn der Kompass anzeigt, in der Situation weiter zu verharren. Eine solche Situation kann zum Beispiel sein, dass eine Frau bei ihrem gewalttätigen Ehemann bleibt und dadurch auch die Kinder gefährdet. Vielleicht zeigt ihr Lebenskompass ihr an, dass das Leiden eben auch zur Liebe und zum Glauben mit dazugehört. Vielleicht hat die Person aber auch ein sehr negatives Selbstbild, womöglich aus eigenen frühen Gewalterfahrungen heraus. Leiden kann dann als verdiente Strafe für die eigenen Sünden oder die eigene Bosheit verstanden werden. „Weil ich selber viel falsch gemacht habe, werde ich von Gott bestraft." Eine solche Deutung von Leiden ist der früher beschriebenen Selbstbezichtigung und Schuldübernahme sehr ähnlich. Sie kann für einen kurzen Moment die Illusion von Gerechtigkeit und Kontrollierbarkeit herstellen. Die gefährliche Situation kann aber nicht tatsächlich aufgelöst werden, und langfristig zahlen die Opfer einen hohen Preis.

Die Bibel hat etwas von einem riesigen Baukasten für Lebenskompasse, und nicht immer wird jedes Teil richtig verwendet. Es gibt einige Bibelstellen, bei denen die Autoren auch versuchten, eine schwierige Situation durch Selbstbezichtigung erträglicher zu machen bzw. zu rechtfertigen. Im Neuen Testament setzt sich Jesus aber dafür ein, diesen Zusammenhang zwischen Sünde und direkter göttlicher Bestrafung aufzulösen (z. B. Joh 9,3), und diese Entwicklung setzte sich in der christlichen Theologie auch langfristig durch.

Leiden macht nicht immer Sinn. Das ist so, auch wenn es sehr schwer zu ertragen ist. Wenn wir versuchen, Sinn in Leiden zu entdecken - was ein ganz normaler menschlicher Vorgang ist -, müssen wir trotzdem vorsichtig sein. Denn vor allem nach Erschütterungen funktioniert der Lebenskompass nicht immer gut. Wenn er anzeigt, dass Opfer an der Gewalt selber schuld sind, müssen wir schauen, ob die Bauteile richtig verwendet sind. Denn grundsätzlich gilt: Die Verantwortung tragen immer die Täter.

Es gibt noch andere Bauteile eines christlichen Lebenskompasses, die Leiden rechtfertigen können und nicht so eindeutig einzuordnen sind. Dazu gehört es, das Leiden als Kreuzesnachfolge zu verstehen. So wie Jesus gelitten hat, so können auch wir gerufen werden, unser Kreuz zu tragen und dem Leiden nicht auszuweichen, sondern es durchzustehen. In einer ähnlichen Spur liegt es, dem eigenen Leiden eine rettende Funktion zuzuschreiben, um zum Beispiel die Familie oder die Ehe vor dem Zerbruch zu bewahren. Und dafür ebenso zu leiden, wie Jesus gelitten hat, um die Menschen zu retten. Bei beiden Beispielen werden das Leiden Jesu und das eigene Leiden stark miteinander verbunden. Doch auch hier besteht die Gefahr, dass statt die Situation des Leidens möglichst zu verändern, es eher willig ertragen wird.

Doch das ist nicht der Weg, den der christliche Glaube uns führt. Denn im Neuen Testament wird eben nur dem Leiden Jesu eine Bedeutung für die Erlösung zugeschrieben. Denn Jesus hat gelitten, damit wir eben nicht mehr leiden müssen. Gewalt in Familien und nahen Beziehungen hat keinen höheren Sinn. Zeichen des Reiches Gottes ist es, dass Leiden gelindert wird und Menschen sich gegenseitig helfen, aus Situationen des Leidens einen Ausweg zu finden (wie Eltern ihren Kindern oder Freunde untereinander, z. B. in der Geschichte vom Hauptmann von Kapernaum oder dem Gelähmten, den die Freunde durch das Dach abseilten). Jesus heilte Menschen. Es geht im Reich Gottes darum, das

Leiden wo möglich zu beenden, nicht es zu ertragen. Ansonsten landen wir bei einer „Fußabstreifer-Theologie", wie das eine amerikanische Theologin einmal genannt hat.[28] Das wäre eine Theologie, die unterstützt, dass die Starken auf den Schwachen herumtrampeln und die Opfer das auch noch willig ertragen. Ein solcher Lebenskompass passt aber nicht zu einem Glauben, der die Gottebenbildlichkeit des Menschen betont und sagt, dass der Körper des Menschen ein Tempel des Heiligen Geistes ist. Wie könnte Gott wollen, dass auf seinem Tempel herumgetrampelt wird?

Leiden ist aber nicht immer sinnlos. Es gibt das Leiden um des Evangeliums willen. Darum geht es in der Kreuzesnachfolge. Es gibt Situationen, in denen wir wegen der Treue zu unserem Glauben und unserem Gewissen leiden müssen. So wie Dietrich Bonhoeffer, der aus seiner Treue zum Glauben heraus mit dem Naziregime in Konflikt geriet und deshalb ermordet wurde. Oder Sophie Scholl, Martin Luther King oder andere Frauen und Männer. Diese Menschen haben für das Reich Gottes gelitten. Ihr Leiden war unumgänglich, weil sie für eine größere Sache kämpften. So eine große Sache kann auch sein, sich und vielleicht die eigenen Kinder aus einer gewaltbelasteten Beziehung freizukämpfen. Oder sich gegen ein tyrannisches politisches System zu stellen und für Menschenrechte zu kämpfen. Oder sich gegen einen Priester zu stellen, der in seiner Gemeinde sexuellen Missbrauch begangen hat. Es kann sein, dass dies sehr schmerzhafte Wege sind, weil sie Spaltungen in Familien und Gemeinden nach sich ziehen können und auch jeweils ein großes Risiko bedeuten. Aber es geht dabei um den Kampf für Gerechtigkeit und Schutz für die Schwachen. Dies ist Leiden um des Reiches

Gottes willen. Ebenso kann der Beginn einer Therapie erst einmal verstärktes Leiden bedeuten. Dieses Leiden steht aber in den Diensten einer inneren Genesung und führt langfristig womöglich zu einer Linderung von Leid. Sich für die Beendigung von Leiden einzusetzen, auch wenn das kurzfristig verstärktes Leiden bedeuten kann, das ist Kreuzesnachfolge.

Die Frage nach dem Sinn von Leiden wird im letzten Kapitel noch einmal aufgenommen werden. An dieser Stelle sollte ein Aspekt deutlich gemacht werden. Die Glaubensfrage nach dem Sinn von Leiden ist natürlich und wichtig, aber sie ist auch ein Spiel mit dem Feuer. Es gibt für den Lebenskompass im christlichen Glauben Bauteile, die anleiten, nicht zurückzuweichen, sondern Leiden im Kampf für das Reich Gottes willig zu ertragen. Das kann im Einsatz gegen Gewalt und auf dem Weg zu innerer Heilung sehr wichtig sein. Wenn diese Bauteile aber im falschen Zusammenhang in einen Lebenskompass eingebaut werden und dazu führen, in einer gefährlichen Situation das Leiden still zu ertragen, ohne dass damit jemandem geholfen wäre, sind sie hochproblematisch. Abstrakter gesprochen gibt es positive, aber auch gefährliche Leidensdeutungen. Wir verstehen den christlichen Glauben dann richtig, wenn wir auf das Reich Gottes hinstreben, und das ist ein Reich der Gerechtigkeit, in dem das Leiden überwunden ist. Daraufhin sollte auch unser Lebenskompass ausrichtet sein.

## Gott im Leid

Die Frage nach dem Sinn von Leiden kann auch bezogen auf Gott gestellt werden. Gott und das menschliche Leiden - dies ist eines der großen Themen der Theologie.

Zu Beginn ist eine Grundunterscheidung wichtig. Die Frage nach Gott im Leiden kann *über* den Glauben oder *im* Glauben gestellt werden. Die erste ist eher die reflektierende Außenperspektive eines nachdenklichen Menschen. Die zweite eher die Innenperspektive eines Menschen, der mit seinem Glauben ringt. Die erste betrifft stärker den Kopf, die zweite stärker das Herz. Aus der ersten Perspektive lautet die Frage über den Glauben: „Wie kann es einen guten Gott und doch so viel Leid geben?" Die zweite Perspektive spricht stärker im Glauben: „Wieso, Gott, lässt du das zu?" Die erste Frage geht über Gott, die zweite Frage richtet sich an Gott. Auch wenn beide Fragen zusammenhängen, haben sie eine unterschiedliche Richtung, die wir erst einmal getrennt anschauen müssen.

„Wie kann es einen guten Gott und doch so viel Leid geben?" ist eine Frage, die Menschen ganz unabhängig von ihrem eigenen religiösen Standpunkt stellen können. Und auch unabhängig davon, ob sie selber schweres Leid erlebt haben oder über das Leid anderer nachdenken. Es ist die Frage, wie denn die Idee von einem allmächtigen und allgütigen Gott und das Leid in der Welt zu vereinbaren sind.

Im Hintergrund dieser Frage steht meist ein bestimmtes Verständnis von Allmacht. Diese wird dabei häufig verstanden als Allwirksamkeit. Das bedeutet, dass Gott alles in der Welt bewirkt. Das heißt aber auch, dass er alles, was geschieht, auch so will. Es ist klar, warum Leiden dann zu einem zentralen theologischen Problem wird. Denn Gott wird damit zum Verursacher und im letzten auch Täter allen Übels und der Gewalt. Dies passt aber nicht zusammen mit einem Gott, der Liebe ist. Denn wie soll jemand Zuflucht bieten, der doch selber für die Gewalt verantwortlich ist?

Dass das Verständnis von Allmacht als Allwirksamkeit relativ verbreitet ist, hat neben theologiegeschichtlichen Hintergründen vor allem eine religionspsychologische Ursache: Es gibt einen Teil von uns, der sich wünscht, in einer kontrollierten Welt zu leben. Einer Welt, die sicher ist, weil es jemanden gibt, der alles steuert. Dieser Wunsch kann sich auf Gott übertragen, der damit zu einer Art himmlischem Marionettenspieler wird, der alles tut und bewirkt. Das zugrunde liegende Sicherheitsbedürfnis kann so stark sein, dass ein entsprechendes Bild von Gott auf jeden Fall aufrechterhalten werden soll, egal wie groß die Spannungen und Widersprüche sind. Das ist nachvollziehbar, aber nicht unbedingt weiterführend.

Blicken wir auf den biblischen Befund, so fällt auf, dass die Bibel mit einer Rede von Gott als Allmächtigem sehr zurückhaltend ist. Gott ist mächtig und handelt in der Welt, aber es gibt eben auch andere Kräfte, die Gott zuwiderhandeln. Nicht alles, was in der Welt geschieht, ist Gottes Wille. Auch hier ist wieder der Begriff der Sünde wichtig: Sünde beschreibt, dass Menschen so handeln können, wie Gott es eben nicht will.

Nun heißt es im Glaubensbekenntnis aber: „Ich glaube an Gott den Vater, den Allmächtigen." Doch heißt das „Ich glaube an Gott den Vater, den Allwirksamen"? Dass Gottes Allmacht eben nicht Allwirksamkeit bedeutet, ergibt sich aus einer wichtigen Aussage im Neuen Testament. Denn da heißt es, dass Gott die Liebe ist (1. Johannes 4,16). Wenn dies so ist, dann müssen alle Beschreibungen Gottes von dieser Liebe her verstanden werden. Die gilt auch für die Allmacht. Aber wenn Gott die Liebe ist und Liebe in uns Menschen und seiner Schöpfung hervorrufen will, hat das eine Voraussetzung: Freiheit. Echte Liebe kann nur aus Freiheit entstehen. Das bedeutet aber, dass Gott seine Allmacht in der Schöpfung zurücknehmen muss. Sie kann keine Allwirksamkeit sein, sonst gäbe es keine Freiheit. Die Schöpfungsgeschichte in Genesis 2 würde keinen Sinn machen, wenn Gott es ist, der das Handeln von Adam und Eva und auch das der Schlange steuert. Die Geschichte wäre dann ein groteskes Theaterstück eines göttlichen Marionettenspielers. Aber das ist sie nicht. Sie ist eine Erzählung über die menschliche Freiheit und die damit sich öffnenden Möglichkeiten, eben zum Guten oder zum Bösen. Die Geschichte macht nur Sinn, wenn Gott seinen Geschöpfen Freiheit eingeräumt hat.

Diese Freiheit öffnet aber auch Raum für widergöttliche Kräfte. Es sind in der Welt auch Energien am Werk, die das Leben zerstören wollen. Der Begriff der Allmacht ist deswegen auch ein Hoffnungsbegriff. Er drückt aus, dass sich Gott am Ende der Zeit gegen alles Zerstörerische in seiner Schöpfung durchsetzen wird. Gott als Allmächtigen zu bekennen (wie im Glaubensbekenntnis) bezieht sich nicht auf die Akzeptanz der Gegenwart, sondern markiert eine Hoffnung für die Zukunft. Dass sich Gott als ein König erweist, der die Herrschaft in seinem Reich am Ende der Zeit - und auch in Fragmenten schon jetzt - vollumfänglich ausübt. Aber eben anders, als Menschen es sich vorstellen und im Letzten durch die Liebe bestimmt. Das meint das Reich Gottes und auch das Bekenntnis der Allmacht.

Doch als Menschen leiden wir daran, dass das Reich Gottes noch nicht gekommen ist, und fragen, warum es so lange auf sich warten lässt. Dies führt zu der zweiten oben erwähnten Grundfrage.

Die zweite Frage richtet sich direkt an Gott. Es ist die Frage eines gläubigen Menschen, der etwas Schreckliches erlebt hat oder nach wie vor durchlebt: „Wieso, Gott, lässt du das zu?“ Diese Frage kann unerträglich bohren. Sie lässt sich auch durch ein Durchdenken des Glaubens nur teilweise beantworten. Denn es geht bei ihr weniger um den Kopf als um das Herz. Wir müssen auf der Ebene unserer eigenen Existenz mit der Frage ringen. Das kann heftig und widersprüchlich sein.

In der Bibel stellt das Buch Hiob diese Frage am intensivsten. Hiob brüllt Gott diese Frage regelrecht entgegen, ja man kann sagen, Hiob beschimpft Gott auf übelste Weise. In Hiob 9,24 sagt er: „Die Welt ist gegeben in die Hände eines Frevlers.“ Das Wort, das hier mit „Frevler“ übersetzt wird, heißt im Hebräischen *rascha* und bezeichnet jemanden, der sich total asozial verhält. Jemand, der untreu ist, betrügt und absolut unsolidarisch handelt. Richtig asozial eben. Und Hiob bezeichnet Gott als einen solchen Frevler. An anderer Stelle, in Hiob 16 sagt er, dass Gott ihn als Zielscheibe für sich aufgestellt hat und mit Pfeilen beschießt. Hier beschimpft er Gott also als einen erbarmungslosen Sadisten. Die Freunde Hiobs, die über das Buch hinweg seine Gesprächspartner sind, verweisen immer wieder auf die Größe Gottes. Sie betonen immer wieder den Sinn von Leiden und die gerechte Weltordnung, in der jeder das empfängt, was er verdient. Hiob widerspricht ihnen heftig. Sie verweisen auf die menschliche Schuld und Sünde, aber Hiob beharrt auf seiner Unschuld. Am Ende des Buches ist schließlich Gottes Stimme zu hören. Er zeigt Hiob die Begrenztheit seiner Perspektive auf und dass Hiob das Weltganze nicht durchschauen kann. Gott ist für den menschlichen Verstand nicht zu fassen. Aber dann am Ende geschieht etwas Unerwartetes: Gott gibt Hiob Recht. Gott spricht, er sei zornig auf die Freunde, weil sie nicht richtig von ihm gesprochen haben, wie es Hiob tat. Hiob war mit seinem Beschimpfen und Klagen also auf dem richtigen Weg. Die Freunde, die versuchten, ihm das Leid in der Welt zu erklären, waren auf dem Holzweg.

Hiob kommt innerlich erst gegen Ende zur Ruhe. Es sind keine Erklärungen, die ihm helfen. Es ist nur die Begegnung mit Gott selbst. Hiob sagt in Kapitel 42,5, dass er bisher nur vom Hörensagen von Gott vernommen hatte, ihn jetzt aber tatsächlich geschaut hat. Die Frage nach Gott und dem Leid im persönlichen Glauben lässt sich nicht durch theologische Theorien oder kluge Sätze beantworten. Manchmal lässt sich nur die Sprachlosigkeit und die Erschütterung aushalten. Es helfen keine schlauen Sprüche, sondern Menschen, welche die Trauer und die Zweifel mit uns aushalten. Vielleicht ist es dann auch möglich, Gott unsere Klagen hinzuwerfen (worauf wir später noch einmal zu sprechen kommen werden) und darauf zu warten, dass Gott sich zeigt.

## Gottesbilder

Die beiden Fragen nach Gott im Leiden, je über den Glauben oder im Glauben gestellt, überschneiden sich in der Frage nach dem Gottesbild. Beiden geht es darum, wie wir uns Gott vorstellen können, auch im Angesicht des Leides. Wir alle tragen Gottesbilder in uns herum. Eben weil Gott unverfügbar ist und die Grenzen unseres Denkens sprengt, brauchen wir Bilder, um uns zu ihm in Beziehung zu setzen. Es ist also nicht die Frage, ob wir Gottesbilder haben, sondern nur die Frage welche. Das geht Gläubigen wie Atheisten so.

Unsere Gottesbilder sind ein Produkt ganz unterschiedlicher Einflüsse. Dabei spielt die religiöse Sozialisation in der Kirche ebenso eine Rolle wie die Beziehung zu unseren Eltern, eigene Glaubenserfahrungen und unser kultureller Kontext, um nur einige Faktoren zu benennen.

Man kann Gottesbilder auf zwei Ebenen betrachten, auf einer theologischen und einer religionspsychologischen. Die religionspsychologische Ebene kann sich zum Beispiel damit befassen, wie Gottesbild und psychische Gesundheit zusammenhängen. Wie im dritten Kapitel gezeigt, gibt es eine Verbindung zwischen Traumata und Gottesbild. Starke Traumafolgen hängen eher mit einem negativen Gottesbild zusammen. Dies kann daher kommen, dass die vielen leidvollen und schmerzhaften Lebensmomente das ganze Weltbild und eben auch das Gottesbild eintrüben. Es kann auch sein, dass sich Aspekte des Gewalttäters auf das Gottesbild übertragen. So kann das Gottesbild Züge des gewalttätigen und kontrollierenden Vaters tragen. Für Betroffene kann es dann unglaublich schwer sein, Gott als Vater anzusprechen, geschweige denn Vertrauen zu einem Gott-Vater zu haben. Umgekehrt kann es aber auch sein, dass Betroffene eben in Abgrenzung und Gegensatz zu einem missbrauchenden Vater in Gott ihren eigentlichen und guten Vater erkennen. Betroffene finden dann womöglich bei einem Gott-Vater das Vertrauen und die Sicherheit, die sie bei ihrem leiblichen Vater nie hatten.

Auf der theologischen Ebene geht es unabhängiger von den psychischen Auswirkungen stärker um die Wahrheitsfrage. Also ist ein Gottesbild wahr bzw. angemessen? Diese Frage lässt sich nur vom Standpunkt einer bestimmten religiösen Tradition her beantworten. Es lässt sich nicht allgemeingültig sagen, ob ein strafendes Gottesbild richtig oder falsch ist. Es lässt sich nur vom Standpunkt des christlichen Glaubens aus sagen, dass es problematisch ist, wenn dadurch die Liebe Gottes verdunkelt wird.

Für Christen ist das Bewusstsein wichtig, dass ein Gottesbild nur ein Bild und nicht Gott selber ist. Um das in einem Bild auszudrücken: Stellen Sie sich vor, Sie stehen in einer alten Kirche mit bunten Kirchenfenstern. Sie zeigen biblische Geschichten, Muster und Formen. Durch die farbigen Fenster fällt ein warmes Sonnenlicht. Diese Kirchenfenster sind dann wie Gottesbilder. Die Fenster sind menschengemacht, aber dennoch zeigen sie etwas von einem fernen warmen Licht. Durch sie wird etwas von der Sonne sichtbar, wird etwas von Gott sichtbar. Es gibt Fenster, durch die das Licht klar scheinen kann. Andere Fenster sind eher düster. So gibt es Gottesbilder, die uns etwas vom Licht Gottes zeigen, und andere, durch die das nur schwierig möglich ist. Sonne und Fenster sind schließlich zu unterscheiden. Die Kirchenfenster sind nicht die Sonne, sondern sie scheint nur durch diese. So sind die Gottesbilder auch nicht Gott, aber Gott leuchtet durch sie in unser Leben hinein. Dass wir Gott direkt sehen, also nicht durch ein Fenster hindurch, geschieht nach christlichem Glauben erst in der Ewigkeit.

Wie muss nun aus christlich-theologischer Perspektive ein Kirchenfenster beschaffen sein, damit es im Hier und Jetzt etwas von Gott zeigen kann?

- Zum einen ist es hilfreich, wenn aus dem Schatz der Bibel geschöpft wird. Viele stellen sich Gott als einen alten Mann vor. Dieses Fenster zeigt aber nur einen kleinen Bruchteil und kippt leicht, entweder in einen kontrollierenden Übervater oder einen harmlosen Greis mit Rauschebart. Die Bibel ist an Bildern sehr viel reicher. Sie kennt Gott als Mutter (Jesaja 66,13), Ursprung der Quelle des Lebens (Psalm 36,10), eine bergende Burg (Psalm 18,3), Geist (2. Korinther 3,17), einen Adler, der seine Jungen das Fliegen lehrt (5. Mose 32,11), und noch vieles mehr.
- Es gibt Zeiten im Leben, da ist die Sonne von Wolken verborgen und kaum zu sehen. Es gibt die tiefe dunkle Nacht. Ebenso gibt es Tageszeiten, in denen ein schummriges Licht durch die Fenster fällt und einen geheimnisvollen Schein erzeugt. Gottesbilder brauchen Platz für das Rätselhafte und Unergründliche, ja manchmal sogar Abgründige. Angesichts des Leides in der Welt sind naive Gottesbilder nicht tragfähig. Sie müssen auch das Dunkle in sich aufnehmen können. Nicht, dass sie Sonne Dunkelheit ist. Die Sonne ist Licht. Aber manchmal sehen wir

ihr Scheinen nicht. Oder wir sehen es eben durch die Erfahrungen des Lebens nur auf gebrochene Weise.

- Schließlich scheint durch die Geschichte von Jesus das göttliche Licht stärker als durch alle anderen Fenster. Das oben beschriebene „was Christum treibet“ ist auch das entscheidende Kriterium auf der Suche nach Gottesbildern. Diese sind nicht willkürlich, sondern müssen sich zum Grundereignis des christlichen Glaubens in Bezug setzen lassen. Die Welt und das Leben sind doppeldeutig. Dass Gott die Liebe ist, macht nur von Christus her Sinn.

## Kreuz, Auferstehung und Karsamstag

Das Erlösungsgeschehen in Jesus Christus bildet das Zentrum des christlichen Glaubens. Dieses umfasst Geburt und Leben, verdichtet sich aber besonders in Kreuzestod und Auferstehung.

Nach christlichem Glauben hat Gott den Kreuzestod seines Sohnes nicht gefordert, wie aus einem verzeichneten und tyrannischen Gottesbild heraus manchmal behauptet wird. Sondern in Jesus ist Gott dem Kreuzestod nicht ausgewichen. Er hat darin die Sünde der Welt aufgedeckt und sich mit den Ausgestoßenen solidarisiert. Im Kreuzestod stellt sich Jesus auf die Seite der Opfer. Er weiß, wie es ist, Gewalt zu erleiden, Schmerzen zu spüren, gedemütigt und von seinen Liebsten verraten zu werden. Wenn Betroffene beten, beten sie in Christus nicht zu einem Gott, der fernab über allem schwebt, sondern der die schwarz-schleimigen Sinklöcher des Lebens durchlitten hat. Die Pfarrerin und Betroffene Susanne Jensen formuliert das so: „Das Kreuz vermittelt mir, dass Gott mich sieht. Dass es keinen gottverlassenen Ort auf dieser Erde gibt, wo er nicht ist. Seit ich der evangelischen Kirche als Pfarrerin dienen darf, gehe ich in der Kirche ganz bewusst auf das Kreuz zu und verbeuge mich tief und lange. Das erfasst meinen ganzen Körper - dort wo ich am schrecklichsten gelitten habe. Und gerade da war Gott an meiner Seite."[29] Gott ist im größten Schmerz gegenwärtig. Das ist die Botschaft des Kreuzes.

Der Kreuzestod wird aber erst durch seine Überwindung in der Auferstehung zum Heilsgeschehen. Das Leiden hat eben nicht das letzte Wort. Und Leiden ist auch nicht erstrebenswert. Nur aus der Perspektive der Auferstehung heraus hat das Kreuz etwas Heilsames.

Aber was heißt Auferstehung? Es lässt sich über die Auferstehung nur schwer schreiben. Worte banalisieren allzu schnell. In der Auferstehung kommt das Reich Gottes zur Vollendung. Jesus ist nicht tot geblieben. An Jesus geschieht zuerst, was an uns in der Ewigkeit geschehen soll. Und wo Christus ist, bricht etwas von dieser Auferstehungswirklichkeit durch. Doch wie können wir uns Auferstehung und Ewigkeit vorstellen?

Ein Bild kann die menschliche Geburt sein. Wie die Geburt aus dem Bauch heraus das Tor in ein neues Leben darstellt, so bilden Tod und Auferstehung das Tor in die Ewigkeit. Doch so wenig wie in Kind im Bauch der Mutter angemessen das Leben nach der Geburt beschreiben könnte, so wenig können wir die Auferstehung fassen. Die Bibel spricht von einem Abwischen der Tränen, einer vollkommenen Gemeinschaft mit Gott und einer ewigen Freude. Tastend wird in Bildern beschrieben, was wir jetzt noch nicht fassen können.

Doch soll das Evangelium nicht vor der Zeit gepredigt werden. Es ist wichtig, nicht am Karfreitag stehen zu bleiben. Aber ebenso wenig kann von Ostern ohne Karfreitag gesprochen werden. Wichtiger ist es, für die Zwischenräume sensibel zu sein. Denn auch wenn ein Trauma als Ereignis vorüber ist, bleibt es doch auf verschiedene Weise präsent. Der auferstandene Christus, der Thomas und den anderen Jüngern begegnet, trägt an seinem Körper weiter seine Wundmale. Etwas vom Leid bleibt auch in der Auferstehung, auch wenn das Leiden verwandelt ist. So erleben auch viele Betroffene nach ihren Karfreitagen nicht einfach ein Ostern, an dem der Schmerz einfach vergangen ist. Viele Wunden schmerzen weiter. Und selbst wenn manche heilen, leben Betroffene eher in einem Schwebezustand zwischen Karfreitag und Ostern. Manchmal ist der Karfreitag vorüber, aber Ostern ist noch in weiter Ferne. Das Leben ist dann so etwas wie ein andauernder Karsamstag. Durch das Trauma hat sich vieles zum Negativen verändert. Der Alltag ist manchmal nur schwierig zu bewältigen. Und doch ist der Karsamstag kein ereignisloser Tag. Im Glaubensbekenntnis beten wir: „hinabgestiegen in das Reich des Todes“. Nach alter christlicher Vorstellung ist Jesus am Karsamstag in die Hölle hinabgestiegen. Es gibt deswegen keinen letztendlichen Ort der Gottverlassenheit mehr. Denn Christus ist auch in der Hölle gegenwärtig.

# 5. Traumasensible Gemeinschaften - wohin Kirche wachsen muss

Tamar oder Josef sind Mitglieder in Ihrer Kirchengemeinde. Oder in Ihrem Freundeskreis. Oder Sie sind gemeinsam in demselben Verein. Stellen Sie sich das vor. Es ist sehr wahrscheinlich, dass es so ist.

Wie kann eine Gemeinschaft traumasensibel sein, wie kann es die Kirche sein? Wer sich dieser Frage zuwendet, muss sich der Einsicht stellen, dass Ungeheuerliches immer auch in der eigenen Gemeinde und der eigenen Kirche möglich ist. Das Nachdenken über eine traumasensible Gemeinschaft beginnt bei der Tatsache, dass sie selbst ein Ort des Missbrauchs und der Gewalt war, ist oder sein kann.

## Missbrauch in der Kirche

Was kirchengeschichtlich vom 21. Jahrhundert bleiben wird, ist mit großer Wahrscheinlichkeit die Aufdeckung der Missbrauchsskandale. Die historische Liste kirchlicher Sünden ist lang, aber was hier passiert ist, geht tiefer. Im Zentrum christlicher Kirchen wurden Taten verübt, die dem christlichen Glauben zutiefst widersprechen. Worte können nicht angemessen wiedergeben, was über das Leid der Opfer und die Schuld der Verantwortlichen zu sagen wäre.

Missbrauch ist ein Thema, das alle Kirchen betrifft. Die Reaktionen von KirchenvertreterInnen - und hier ist nicht nur die Leitungsebene gemeint - sind höchst unterschiedlich. Manche erkennen die Dramatik der Situation und setzen sich für Aufarbeitung und Veränderung ein. Oft werden diese Prozesse durch träge Strukturen gelähmt und fordern den Einzelnen viel Kraft ab. Dennoch werden Schritte hin zu einer traumasensiblen Kirche getan.

Andere erkennen zwar, dass es sich um ein wichtiges Thema handelt, oder zumindest eines, das eine hohe mediale Aufmerksamkeit erhält, aber stellen die eigene Rolle und die institutionellen Verstrickungen nicht in Frage. Es dominiert nicht die Hoffnung, dass sich etwas substantiell zum Besseren hin verändert, sondern dass das Thema wieder aus dem Fokus der öffentlichen Aufmerksamkeit verschwindet.

Wiederum andere versuchen, das Thema aktiv zu verdrängen. Es wird behauptet, dass Missbrauch innerhalb eigener Zuständigkeiten nie vorkam oder nie vorkommen wird. Die eigene Verantwortung wird beiseitegeschoben. Unter dem Mantel des Schweigens besteht eine Dunkelheit fort, in der Missbrauch weiter ungehindert geschehen kann.

Für einen verantwortungsbewussten Umgang mit Missbrauch in der Kirche sind drei unterschiedliche Prozesse notwendig. Alle drei Prozesse sind zwar verschränkt, haben aber dennoch ihren je eigenen Schwerpunkt. Diese drei Bereiche sind: Aufarbeitung, Prävention und Begleitung Betroffener.

Jede Kirche und Gemeinde, in der Missbrauch geschehen ist, steht in der Verantwortung, das Geschehene aufzuarbeiten. Eine solche Aufarbeitung kann dabei nur mit externer Unterstützung geschehen. Auch wenn ein Fokus solcher Prozesse auf der Institution und ihren Strukturen liegt, dürfen die Betroffenen nicht aus dem Blick geraten. An den Betroffenen vorbei ist keine Aufarbeitung möglich. Vielmehr ist es wichtig, dass Betroffene an der Aufarbeitung möglichst beteiligt werden. Sie sind auch ein kritisches Korrektiv, in welchem Maße mit der Aufarbeitung Institutionsinteressen verfolgt werden und wie diese im Verhältnis zu den Interessen Betroffener stehen. Beide können zusammenfallen (bei der Frage guter Prävention) oder auch sich widersprechen (bei der Frage von z. B. Entschädigungsleistungen). Theologisch gesprochen ist es evangeliumsgemäßer, die Perspektive und Interessen Betroffener gegenüber der Institution stärker zu gewichten.

Die Aufarbeitung wird in den meisten Fällen Impulse für die Prävention freisetzen. Prävention ist die Aufgabe aller Kirchen und Gemeinden, unabhängig davon, ob bisher Fälle von Missbrauch bekannt sind. Für eine wirkungsvolle Prävention ist es wichtig, dass fortwährend an einer Verbesserung vorbeugender Maßnahmen gearbeitet wird. Denn Präventionsmaßnahmen können nicht abgeschlossen sein, sie müssen vielmehr immer wieder neu überdacht und umgesetzt werden.

Um das in einem Glaubensbild auszudrücken: Es gibt Bereiche, in denen die Kirche immer Lernende bleiben muss. Gebet ist ein Beispiel dafür. Eine Kirche, die sagt, sie wisse, wie das mit dem Gebet sei, und meint, sie müsse hier nichts mehr lernen, ist auf einen Abweg geraten. Wer meint, alles verstanden zu haben, hat nichts verstanden. Ebenso ist es mit der Prävention von Missbrauch in der Kirche. Die Kirche wird dem Thema nur gerecht, wenn sie bereit ist, fortwährend hinzuzulernen. Der Kampf gegen Missbrauch ist ein

Kampf, der nie endgültig gewonnen werden kann, der aber doch immer wieder neu aufgenommen werden muss.

Schließlich gehört zum Umgang mit Missbrauch in der Kirche auch die Begleitung Betroffener. Hier geht es um Menschen, die innerhalb oder außerhalb der Kirche Gewalt erlebt haben. Auch wenn es mehr als verständlich und oft vielleicht auch wichtig und richtig ist, dass Betroffene nach Missbrauch der Kirche den Rücken kehren, sind manche weiterhin Teil der Kirche. Es ist wichtig, dass diese Gruppe im Blick behalten und gefragt wird, was für sie getan werden kann. Es geht aber auch um all die Betroffenen, die an einem anderen Ort Gewalt erlebt haben und ihre Bedürfnisse und Fragen mitbringen. Die Studie aus dem ersten Kapitel weist auf 4,4 % Betroffene allein von sexuellem Kindesmissbrauch hin. Das ist eine unter 23 Personen. Also mindestens eine betroffene Person in jedem durchschnittlich besuchten Gottesdienst.

Die folgenden Seiten dieses Kapitels wenden sich der Frage zu, was Gemeinden und Einzelne für Betroffene tun können. Die dargestellten Überlegungen sind keine Umsetzung der oben beschriebenen Notwendigkeiten von Aufarbeitung, Prävention und professioneller Begleitung. Dabei handelt es sich um Aufgaben, welche die ganze kirchliche Institution betreffen. Was im Folgenden dargestellt wird, will Handlungsmöglichkeiten und Haltungen Einzelner vor allem auf Gemeindeebene unterstützen. Hierbei sind Betroffene von Gewalt insgesamt im Blick und vor allem die große Gruppe Betroffener, die Gewalt in ihrem nahen sozialen Umfeld erlebt hat. Dies ist kein Ersatz für institutionelle Aufarbeitung, Prävention und professionelle Begleitung Betroffener in Bezug auf sexuellen Missbrauch in Kirchen. Dennoch kann die Frage, was Gemeinden und Einzelne für Betroffene insgesamt tun können, ein Beitrag dafür sein, die benannten größeren Prozesse zu unterstützen.

### Was Betroffene von Kirchengemeinden brauchen

Erika Kerstner hat sich intensiv mit der Frage befasst, was Kirchengemeinden für Betroffene von Missbrauch tun können.[30] Und das ist viel. Dafür aber braucht es Menschen in Kirchengemeinden, „die offene Ohren und mitfühlende Herzen haben."[31]

Wie der Weg hin zu einer traumasensiblen Kirchengemeinde konkret aussehen kann, dafür weist Erika Kerstner auf einige konkrete Schritte hin.

#### *„Gemeinden realisieren, dass Opfer mitten unter ihnen sind"*[32]

Auch wenn diese Wirklichkeit gerne verdrängt wird: In jeder Kirchengemeinde gibt es Betroffene. Schauen Sie sich noch einmal die Zahlen aus den Studien über Gewalt an. Ungefähr geben diese Zahlen auch die Situation in Ihrer Gemeinde wieder. Ein erster Schritt für eine Gemeinde besteht darin, diese Wirklichkeit anzuerkennen und sich zu informieren: Wir sind eine Gemeinschaft, in der Betroffene leben und arbeiten. Wie also gehen wir mit den Tamars und den Josefs in unserer Mitte um?

Hinzu kommt, dass Missbrauch auch innerhalb der Kirche immer wieder geschieht. Zu traumasensiblen Gemeinden gehört es deswegen, dass sie möglichst sichere Orte sind. Das heißt, dass Prävention als das wichtige Thema erachtet wird, das es tatsächlich ist. Denn Missbrauch geschieht eben nicht nur „woanders".

*„Gemeinden können hörbereite Gemeinden werden"*

Traumasensible Gemeinden hören hin, was Tamar zu sagen hat. Das gilt ganz unmittelbar. Betroffene wissen am besten, was sie brauchen. Und schon die Frage danach ist wichtig. In der Arbeit von Gottes-Suche schrieb einmal eine Betroffene auf eine von außen formulierte Frage hin: „Was brauchst Du von Deiner Kirche/von Deinen Mitchristen? Als ich das gelesen habe, habe ich erst einmal geweint. Ganz ehrlich, das hat mich noch nie jemand gefragt. Und es ist ein regelrechter Schock, diese Frage dann urplötzlich gestellt zu bekommen, denn es ist eine tief ersehnte Frage, die mir schon vor gefühlten Ewigkeiten hätte gestellt werden müssen."[33]

Auf Betroffene zu hören heißt auch, sich auf ihre Lebenserfahrung einzulassen. Was ist ein Trauma und wie verändert es einen Menschen? Wieso nicht einmal eine Fachkraft aus Therapie oder einem Frauenhaus an einem Gemeindeabend zu diesem Thema einladen?

*„Opfermythen und Opferbeschuldigungen muss Widerstand geleistet werden"*

Hier wird das Problem von verletzenden Klischees benannt, die auch in Kirchengemeinden kolportiert werden. Das gängigste ist: „Aus Opfern werden Täter." Diese Aussage ist schnell gemacht. Dahinter steckt die Einsicht, dass manchmal eigene Verletzungen dazu führen, auch andere Menschen zu verletzen. Aber dabei handelt es sich um keinen Automatismus. Und in Bezug auf Betroffene von Missbrauch ist die Aussage nicht nur falsch, sie steckt Opfer und Täter in eine Kategorie.

Dazu eine Anekdote: Stellen Sie sich vor, Sie wären von einem mutmaßlich betrunkenen Autofahrer angefahren worden. Sie liegen vier Wochen auf der Intensivstation und haben neben einem Bein auch ihr Sehvermögen verloren. Der Autofahrer hat Fahrerflucht begangen und wurde nie belangt. Sie dagegen können Ihren Beruf nicht mehr ausüben und leben von Sozialhilfe. Dieser Schicksalsschlag hat Ihr Leben auf den Kopf gestellt. Nun stellen Sie sich vor, Sie sind in einer Gemeindeveranstaltung, in der es um die Ursachen von Verkehrsunfällen geht. Und jemand sagt: „Wer Schlimmes erlebt, gibt Schlimmes weiter. Welche Sorgen müssen einen Menschen quälen, dass er sogar besoffen Auto fährt?" Und die Leute, die mit dabei sitzen, nicken stumm und zustimmend. Der arme Autofahrer. Würden Sie sich in einer solchen Gemeinschaft beheimatet fühlen? Würde das Ihrer Lebenserfahrung gerecht werden?

Erika Kerstner sagt zu Recht, wenn aus Opfern immer Täter würden, säßen in den deutschen Gefängnissen Hunderttausende von Frauen wegen Sexualstraftaten. Nun, das ist offensichtlich nicht der Fall.

Ein weiteres verletzendes Klischee kann sein, dass „Opfer nerven." Opfer nerven, weil sie etwas wollen oder weil sie unbequem sind. Aber noch einmal den Vergleich mit dem Autounfall aufgegriffen: Wer würde sich nach so einem Erlebnis nicht dafür einsetzen, dass der Autofahrer zur Rechenschaft gezogen wird, dass es eine Entschädigung gibt, die dem erlittenen Schaden entspricht, und dass andere Menschen in Zukunft möglichst nicht das gleiche Schicksal erleiden müssen? Und ist das nicht wie die Witwe im Lukasevangelium (Kapitel 16)? Jesus stellt diese Frau, die auf ihr Recht beharrt, als Vorbild im Glauben hin.

Wie über Betroffene gesprochen wird, ist wichtig. Dies entscheidet mit über die Atmosphäre, die Betroffene in einer Gemeinde wahrnehmen. Und es entscheidet zu einem großen Teil mit darüber, ob sie sich isoliert oder zugehörig fühlen können.

### *„In Gemeindeveranstaltungen das Wissen um Betroffene zu erkennen geben"*

Weil Betroffene Teil der Kirche sind, ist es angemessen, dass dies auch in Gemeindeveranstaltungen zum Ausdruck kommt. Erika Kerstner macht dabei drei Vorschläge, wie das zum Beispiel ganz konkret in Gottesdiensten aussehen kann.

Zum einen kann das Thema in den Fürbitten Raum finden. Dies braucht keinen besonderen Anlass. Vielmehr sollte es etwas Alltägliches sein. Denn ebenso, schreibt sie, ist auch das Leid der Betroffenen etwas Alltägliches.

Zweitens ist es hilfreich, wenn in Gottesdiensten nicht nur Lob und Dank, sondern auch Klage Raum hat. So können zum Beispiel Klagepsalmen eine Sprache für das Leid anbieten und die Sensibilität für das Leid Anderer schärfen.

Drittens ist für das Verständnis eines Predigttextes auch die Perspektive von betroffenen MitchristInnen wichtig. Es ist nicht die einzige Möglichkeit, auf einen Bibeltext zu blicken, aber doch eine, die immer wieder Raum haben sollte.

Und die Rede über den biblischen Text wird so facettenreicher und anschlussfähiger.

### *„Die Heilige Schrift aus der Perspektive von Opfern lesen lernen"*

Was für die Predigt gilt, ist auch für jeden anderen Umgang mit Bibeltexten wichtig. In Hauskreisen, Predigtnachbesprechungen, Jugendbibelkreisen oder anderen Orten, an denen die Bibel gelesen wird, kann versucht werden, dies aus der Betroffenenperspektive zu tun. Dies bringt neue und wertvolle Perspektiven ein und bedarf eigentlich keiner näheren Begründung. Denn im Zentrum des christlichen Glaubens steht der Gekreuzigte und damit ein Opfer von Gewalt. Für Menschen, die Christus nachfolgen, ist es daher eigentlich etwas Natürliches, die Perspektive der Leidenden und derer, die Gewalt erlebt haben, mit einzubeziehen. Und wie im vorherigen Absatz schon angedeutet wurde: Dies kann allen Christen helfen, die Bibel in einer neuen Tiefe zu erschließen.

### *„Kirchengemeinden können Missbrauchsopfern zur Heimat werden"*

Auf die beschriebenen Weisen können Kirchengemeinden in ihrer Traumasensibilität wachsen und damit Betroffenen zur Heimat werden. Erika Kerstner schreibt: „In solchen Gemeinden kann die wichtigste Frage an Betroffene sexualisierter (und sonstiger) Gewalt auftauchen, die noch kaum gestellt wird und bislang weitgehend unbeantwortet ist: ‚Was brauchst du? (Mk 10,51) Was können wir tun, damit Ihr Leben ein wenig leichter werden kann?'"[34]

Schließlich ist noch ein Gedanke wichtig, der auf den ersten Blick zum bisher Gesagten in Spannung steht, es auf den zweiten Blick aber ergänzt. Und zwar hat Normalität im Umgang mit Betroffenen einen hohen Stellenwert. Denn Normalität ist ein wichtiger Gegenpol zu Stigmatisierung. Das ist wichtig, denn Betroffene sind eben nicht nur die Betroffenen. Sie sind auch Mütter, Väter, Jungscharkinder, Konfirmanden, Firmlinge, Kollegen, Kirchenvorstände oder Diakoninnen. Menschen auf ihre Gewaltbetroffenheit zu reduzieren, grenzt sie aus, statt sie zu integrieren. Wer möchte schon auf einzelne Aspekte seiner Biographie reduziert werden (nach dem Motto: „die Geschiedene“ oder „der Alkoholiker“)? Das Miteinander in einer traumasensiblen Kirchengemeinde geschieht auf Augenhöhe (ein inflationär verwendetes, aber trotzdem irgendwie wichtiges Wort). Jede und jeder ist willkommen. Jede und jeder mit der eigenen Lebensgeschichte und den Themen und Fragen, die sich daraus ergeben.

### Was einzelne Gemeindeglieder tun können

Eine Gemeinschaft wird von vielen Einzelnen geprägt. Und Einzelne können sich in ihrer Traumasensibilität entwickeln. Dies können sie, wenn sie darin wachsen, vertrauenswürdig, solidarisch, informiert, respektvoll, empathisch, hoffnungsvoll und selbstfürsorglich zu sein. Diese sieben Eigenschaften sind ein wichtiger Beitrag für Traumasensibilität. Sie bilden ein Netzwerk, das sich durch seine verschiedenen Knotenpunkte stabilisiert und korrigiert.

Gewalt durch Menschen aus dem sozialen Nahraum ist die Erfahrung missbrauchten Vertrauens. Wenn sie sich nicht ohnehin schon in engen Beziehungen befinden, bauen Täter oft bewusst über längere Zeit Vertrauen zu ihren Opfern auf. An einem vermeintlich sicheren Ort schlagen sie zu. Das missbrauchte Vertrauen isoliert das Opfer und vernebelt dessen Wahrnehmung. Die Fähigkeit zu vertrauen ist erschüttert in einem Moment, in dem es wichtig wäre, sich anderen Menschen anvertrauen zu können.

Vertrauen ist schwierig. Es ist schwierig für Betroffene und ihre UnterstützerInnen. Und dennoch ist es für beide wichtig. Stellen wir uns Vertrauen wie Hängebrücken zwischen Inseln vor. Die Inseln und ihre Bewohner sind Menschen, die Hängebrücken die Beziehungen zwischen uns. Durch Gewalt hat sich eine der Brücken als lebensgefährlich erwiesen. Sie ist eine echte Gefahr. Es kann deshalb für Betroffene Sinn machen, alle Brücken zu zerstören, abzuriegeln oder maximal zu kontrollieren. Je früher die Erfahrung missbrauchten Vertrauens gemacht wurde, desto stärker und grundlegender wird diese Tendenz sein. Die Vorsicht hat einen Sinn. Sie soll davor schützen, dass nicht noch einmal etwas Lebensgefährliches geschieht. Deswegen ist es wichtig, Misstrauen zu würdigen. Aber eine Insel für sich kann nicht überleben. Besonders in einer Notlage ist die Unterstützung durch andere wichtig.

Doch manches kann an die lebensgefährliche Brücke erinnern. Wenn die Gewalt von Männern ausging, werden häufiger Frauen als vertrauenswürdig empfunden werden und umgekehrt. Und jedes Aufrechterhalten einer Brücke bleibt ein Risiko. Ihre Verlässlichkeit wird häufiger getestet werden, bevor Vertrauen gefasst werden kann.

Doch auch für Unterstützende kann Vertrauen sehr schwierig sein. Es gibt starke Motive, Betroffenen nicht zu vertrauen. Zum einen, weil Menschen Meister der Verdrängung sind und etwas nicht glauben, wenn sie es nicht wahrhaben wollen. Vielleicht weil sie den Täter kennen oder durch die Beschäftigung mit dem Thema an eigene Gewalterfahrungen erinnert werden oder der Einsatz für das Opfer einen Preis abverlangt. Es gibt aber noch weitere Gründe. In dem Kapitel über Trauma wurde gezeigt, dass das menschliche Gedächtnis unter traumatischen Bedingungen anders arbeitet. Es kann sein, dass in der Erzählung der Betroffenen Widersprüche und Lücken sind. Und das ist normal so. Doch wer sich mit Traumata nicht auskennt, wird schnell misstrauisch sein. Natürlich gibt es den Missbrauch mit dem Missbrauch und auch falsche Beschuldigungen. Und das ist ein Problem. Aber das weit größere Problem ist, dass Betroffenen sehr häufig nicht geglaubt wird. Viel wahrscheinlicher, als leichtgläubig zu sein, ist es, tatsächlich Betroffenen und dem, was sie erzählen, kein Vertrauen zu schenken.

Betroffene wissen meist, dass Misstrauen gegen sie von starken Mechanismen befördert wird. Vorsicht ist deswegen wichtig. UnterstützerInnen können sich aber zumindest als vertrauenswürdig anbieten, wenn sie

- sich für das Thema Gewalt sensibilisiert zeigen.
- ehrlich sind.
- verschwiegen sind.

- Betroffenen mit einem Vertrauensvorschuss begegnen.
- Misstrauen würdigen und dessen wichtige Funktion sehen.
- die Anonymität der Betroffenen wahren.

### *Solidarisch*

Der Begriff Solidarität kommt vom lateinischen *solidus* und bedeutet „fest“ oder „echt“. Solidarisch sein bedeutet, fest und echt an der Seite von Betroffenen zu stehen und Partei für die Betroffenen zu ergreifen. „Ich steh auf deiner Seite. Du kannst dich auf mich verlassen.“

Das Wichtigste ist dabei, die Betroffenen zu stärken und ihre Interessen ins Zentrum zu stellen. Dazu gehört, nichts gegen den Willen Betroffener zu unternehmen. Dies gilt auch für die Einschaltung von Behörden, wie z. B. Jugendamt oder Polizei. Wer meldepflichtig ist, sollte dies rechtzeitig kommunizieren. Wenn gegen den Willen Betroffener gehandelt wird, machen diese womöglich eine erneute Erfahrung des Kontrollverlustes. Zu Solidarität gehört es, die Selbstbestimmung der Betroffenen zu akzeptieren.

Solidarische Menschen sind wie treue Reisegefährten. Auch wenn sie meist nicht den ganzen Weg von Anfang bis Ende mitgehen, sind sie für einen Wegabschnitt zuverlässig mit dabei, auch wenn der Weg ungemütlich oder gefährlich wird. Auch wissen Reisegefährten, dass sie die ungemütlichen Abschnitte einer Reise nicht umgehen können. Aber sie können mit hindurchgehen. An einigen Stellen können sie einen Teil der Lasten tragen. Reisegefährten wollen das Ziel der Reise nicht vorgeben und können es auch nicht kennen.

Die Navigation übernehmen die Betroffenen. Reisegefährten bringen aber immer auch etwas mit. Zum Beispiel Wissen und Informationen.

### *Informiert*

Für traumasensible Unterstützung ist es hilfreich, informiert zu sein. Mindestens drei Bereiche sind von Bedeutung:

1. Um traumasensibel unterstützen zu können, ist es wichtig, über Traumata und ihre Folgen Grundlegendes zu wissen. Was ist ein Trauma? Welche Folgen hat es? Was brauchen Betroffene in unterschiedlichen Situationen? Sie haben mit dem Griff zu diesem Buch einen ersten Schritt in diese Richtung gemacht. Sie informieren sich über Zusammenhänge zwischen christlichem Glauben und Traumata. Es gibt aber viel mehr Wissenswertes. Informieren Sie sich weiter. Sie werden in einigen Büchern über Traumata ab und an eine gewisse Nähe zum Buddhismus feststellen. Lassen Sie sich davon nicht abschrecken, sondern fragen Sie, was Sie von dem Gesagten auch für Ihren christlichen Glauben lernen können.
2. Informiert zu sein bedeutet, die Hilfsangebote im eigenen Umfeld zu kennen. Gibt es (je nach Fall und Situation) einen Trauma-Notdienst, eine Krisenhotline, bewährte TherapeutInnen, eine kompetente Seelsorgerin? Dies alles sind nur Beispiele für mögliche Fachkräfte, die im Kontext traumatisierender Gewalt wichtige Unterstützung leisten können. Je besser Sie selber über Hilfsange-

bote informiert sind, desto besser können Sie Betroffene unterstützen.

3. Schließlich ist Informationsvermittlung keine Einbahnstraße. Das Wichtigste werden Sie von Betroffenen stets selber lernen. Diese wissen oft am besten, was sie gerade brauchen und was weniger hilfreich ist. Die wichtigsten ExpertInnen sind stets die Betroffenen selbst. Seien Sie also lernbereit und lassen Sie sich aus erster Hand informieren.

### *Respektvoll*

Respektvoll zu sein, meint etwas Doppeltes. Es bedeutet, anerkennend zu sein, aber auch ein Bewusstsein für Grenzen zu haben.

Nach christlichem Glauben ist jeder Mensch Ebenbild Gottes. Er hat eine Würde, die ihm nicht genommen werden kann. Der Begriff der Würde bringt uns biblisch in die Vorstellungswelt der Königinnen und Könige. Vor allem den Herrschenden wurde in der damaligen Welt Würde zugesprochen. Die Bibel nun überträgt diese Königswürde auf alle Menschen. Sie ist etwas Unverlierbares und kann auch durch die Gewalt nicht zerstört werden. Deswegen gebührt jedem Menschen Respekt.

Betroffene haben aber noch aus einem weiteren Grund Respekt verdient. Sie haben das Leben von seiner dunkelsten Seite gesehen. Häufig müssen sie Tag für Tag mit den Folgen ringen.

Wichtig ist, dass Betroffene trotz all dem nicht aufgegeben haben. Sie haben Kampfgeist entwickelt, Bewältigungsstrategien und den Willen, trotz aller Gefahren weiterzumachen.

Es wäre eine Übersteigerung, Betroffene zu idealisieren. Kerstner, Haslbeck und Buschmann weisen darauf hin, dass das nicht hilfreich ist, weil es Betroffene dazu zwingt, sich ein falsches Selbst aufzubauen, dessen hohen Ansprüchen dann genügt werden muss. Betroffene sind keine besseren Menschen.[35]

Sie sind aber Menschen, die eine große innere Stärke bewiesen haben, und dafür gebührt ihnen Respekt.

Respekt meint aber auch, Grenzen zu wahren. Und Grenzen sind wichtig. Es geht darum, Betroffene zu unterstützen und zu stärken. Dafür kann das soziale Umfeld einen sehr wichtigen Beitrag leisten. Die meisten von uns sind allerdings keine TherapeutInnen. Sie können Betroffenen nur helfen, wenn Sie Ihre eigenen Grenzen kennen und nicht versuchen, therapeutisch zu arbeiten. Sie würden auch nicht versuchen, auf Ihrem Küchentisch bei einer Freundin eine Blinddarmoperation durchzuführen. Sie würden es auch deswegen nicht tun, weil Sie ganz sicherlich mehr Schaden anrichten als Nutzen bringen würden. Es fehlen das Wissen, die Erfahrung, der OP-Saal und die medizinische Ausrüstung. Mit Küchentisch-Traumatherapie ist es das Gleiche. Die Ausbildung zur Traumatherapeutin ist ein langer Weg, den die großen Traumafachgesellschaften wissenschaftlich begleiten. Ein Selbststudium oder ein paar Fortbildungen können das nicht ersetzen.

Mitgefühl ist eine heilsame Kraft. Sie überwindet Einsamkeit und Isolation und verbindet Menschen miteinander. Besonders wenn wir leiden, kann Mitgefühl trösten. Menschen nehmen so Anteil und tragen einen Teil der Last.

Die Fähigkeit zur Empathie ist die Basis für Mitgefühl. Im Umgang mit Traumata ist es aber wichtig, bei diesem Thema genau hinzuschauen. Das Wort Empathie hat dabei von seinem Ursprung her eine Doppelbedeutung, die auf die Chancen, aber auch Gefahren hinweist. „Empathie" kann wortwörtlich übersetzt sowohl „Hineinfühlen" als auch „Hineinleiden" bedeuten.

Hineinfühlen ist etwas Positives. Die große Chance von Empathie ist, dass sie die Isolation als eine Grunderfahrung des Traumas überwindet. Wenn jemand mit mir mitfühlt, bin ich in meiner Notlage nicht mehr alleine. Das Trauma verliert etwas von seiner Schmerzhaftigkeit, sobald ich seine Last nicht mehr alleine tragen muss.

Das problematische Pendant zum Hineinfühlen ist das Hineinleiden. Wenn ich meinen eigenen sicheren Grund aufgebe, kann ich selbst in den Abgrund des Traumas hineingezogen werden. Dadurch wird das Leid nicht kleiner, sondern größer. Deshalb ist es wichtig, sich nicht in das vergangene Trauma-Ereignis hineinzubegeben, sondern im Hier und Jetzt zu bleiben. Sowohl gedanklich als auch emotional.

Die Traumatherapeutin Luise Reddemann unterscheidet das hilfreiche „Mitgefühl" vom leidvergrößernden „Mitleiden".[36] Die Traumatherapeutin Michaela Huber spricht in ihren Büchern von der „empathischen Abstinenz".[37] Also sich mit hineinzubegeben und gleichzeitig einen Abstand zu wahren. Es ist eine Spannung, auf der einen Seite mitfühlend zu sein und auf der anderen Seite einen inneren Abstand zu behalten. Diese Spannung ist aber nötig, damit das unerträgliche Trauma für Unterstützende doch erträglich bleibt. Denn nur so haben Betroffene ein Gegenüber, das mitfühlt und stabilisiert, aber nicht selber in das Trauma hinabstürzt. In der Traumapädagogik gibt es eine Übung, welche den Unterschied zwischen Mitleiden und Mitfühlen gut sichtbar macht. Im ersten Fall setzt sich der Mitleidende neben den Betroffenen auf den Boden, jammert selbst am lautesten und legt ihm auch noch einen Arm auf die Schulter. Beide kommen in dieser Sequenz nicht wirklich wieder gut auf die Beine. Im zweiten Übungsteil sagt der Mitfühlende zum Betroffenen, was er sieht, würdigt sein Leid und setzt sich ihm gegenüber auf Augenhöhe. Er fragt ihn, ob er Hilfe beim Aufstehen möchte, steht erst selbst auf, reicht ihm dann die Hände und kann ihm mit dem eigenen festen Stand beim Aufstehen helfen.[38]

### *Hoffnungsvoll*

Hoffnung kann eine Kraft sein, die hilft, auch im Angesicht von schwerem Leid nicht zu verzweifeln. Hoffnung, dass Trauma und Gewalt am Ende nicht das letzte Wort haben werden. Doch das kann nicht zu schnell dahingesagt sein. Kerstner, Haslbeck und Buschmann schreiben: „Missbrauchsopfer, die über lange Zeit massivster Gewalt ausgesetzt waren, haben manchmal für einen Teil ihres Lebens weder Trost noch Hoffnung. Nicht selten sind sie dem Tod näher als dem Leben. [...] Wer trösten möchte, darf diese bitteren Wahrheiten nicht unterschlagen. Wer die Wahrheit umgehen will und eine Abkürzung sucht, wird scheitern. Das Aussprechen-Dürfen von Wahrheit und das wirkliche Gehört-Werden sind ein erster und unverzichtbarer Bestandteil von Trost."[39] Echte Hoffnung blendet diese Abgründe nicht aus. Sie ist anders als „positives Denken". Als hätte Leid immer Sinn oder würde sich als gut erweisen, sobald wir nur die richtige Perspektive gewinnen. Wir können auch nicht mit der Kraft unserer Gedanken steuern, dass aus Leiden irgendwie etwas Gutes entsteht. Traumata können Menschen in tiefe dunkle Täler stürzen. Hoffnung bedeutet nicht, dies beschönigen zu wollen. Aber Hoffnung spricht ein „Trotz allem".

Der christliche Glaube macht Hoffnung, dass die stärkste Kraft in dieser Welt Gottes Liebe ist. Trotz aller Rückschläge und Dunkelheit ist es diese Liebe, die sich durchsetzen wird. In der Ewigkeit, aber auch schon im Hier und Jetzt. Paulus drückt das im Römerbrief 8,38f mit starken Worten aus: „Denn ich bin gewiss: Weder Tod noch Leben, weder Engel noch Mächte, weder Gegenwärtiges noch Zukünftiges noch Gewalten, weder Höhe oder Tiefe noch irgendeine andere Kreatur können uns scheiden von der Liebe Gottes, die in Christus Jesus ist, unserem Herrn." (Einheitsübersetzung)

Diese Hoffnung lässt sich niemandem überstülpen. Und sie ist kein Mittel, bittere Wahrheiten einfach zu verdrängen. Aber wer diese Hoffnung in sich trägt, kann dem Schmerz anders begegnen. Weil am Ende eben nicht der Schmerz, sondern Gottes Liebe die bestimmende Realität sein wird.

Abschließend sind wir an einem zentralen Knotenpunkt unseres Netzes angelangt. Denn Selbstfürsorge ist nicht ein Zusatz, sondern zentral. Wer sich als UnterstützerIn mit Traumata auseinandersetzt, muss gut auf sich selber achten. In der Psychotraumatologie wird das Phänomen der „sekundären Traumatisierung“ beschrieben. Dies meint, dass Menschen, die nicht direkt ein traumatisches Ereignis erlebt haben, daran aber indirekt (z. B. als Familienmitglieder, Begleiter, Freundinnen) Anteil genommen haben, Symptome ausbilden können, die den direkten Traumafolgen sehr ähnlich sind. Selbst wenn Sie also selber nichts Traumatisches erlebt haben, kann die Auseinandersetzung mit dem Trauma einer anderen Person sich negativ auf Ihre eigene psychische Gesundheit auswirken. Dies ist kein Grund zur Panik. Traumata sind keine schnell übertragbare Infektion. Aber es ist wichtig, mit diesem Sachverhalt verantwortungsvoll umzugehen. Dies ist im Interesse aller Beteiligten. Besonders wichtig ist dabei die eigene Lebensgeschichte. Eigene Traumata können Chance und Risiko sein. Wer eigene Erlebnisse auf- und durcharbeiten konnte, kann andere Betroffene in einer besonderen Qualität begleiten. Das Risiko liegt aber darin, selbst getriggert zu werden. Selbstfürsorge fängt also beim Umgang mit der eigenen Lebensgeschichte an und der Frage, was ich selber tragen kann und will. Selbstfürsorglich ist wer

- sich immer wieder auch Auszeiten und Pausen nimmt.
- auf Schlaf, gesunde Ernährung und körperliche Aktivität achtet.

- in erfüllende zwischenmenschliche Beziehungen investiert.
- um die eigene Geschichte mit dem Thema Gewalt weiß.
- Menschen hat, mit denen unter Wahrung der Schweigepflicht über das eigene Erleben gesprochen werden kann.
- seine eigenen Grenzen kennt und diese nicht überschreitet.
- sich immer wieder Zeit für Freude und Genuss nimmt.
- sich innerlich auch abgrenzen kann.
- seine Spiritualität aktiv lebt.

Während die anderen Aspekte in verschiedenen Büchern ausführlich behandelt wurden, sollen in einem christlich theologischen Buch einige Überlegungen zu diesem letzten Aspekt benannt werden.

Der Kampf gegen Gewalt und der Einsatz für Betroffene ist Arbeit im Reich Gottes. Wir dürfen uns deswegen von Gott immer wieder beschenken und stärken lassen. Dies kann durch Musik, Gebet, Stille, Gottesdienste, Zeiten in der Natur, Bibellesen oder die Lektüre geistlicher Literatur geschehen. Dies sind nur einige Beispiele, und das letzte Kapitel will weitere Anregungen geben. Wenn wir unsere Spiritualität aktiv leben, geben wir Gott Raum, in dem er für uns sorgen kann.

# 6. Traumasensible Spiritualität - Gott auch in Wüsten suchen

Das letzte Kapitel des Buches will Impulse an alle Christinnen und Christen geben, ob gewaltbetroffen oder nicht. Denn bei traumasensibler Spiritualität geht es nicht um eine Spezialform des Glaubens. Es geht darum, den christlichen Glauben tief und intensiv zu leben. Im Zentrum des christlichen Glaubens steht das Kreuz und damit Jesus als Opfer von Menschengewalt. Eine traumasensible Perspektive, welche die Erfahrungen von Gewaltopfern ernst nimmt, führt näher an dieses Zentrum heran. Oder kurz gesagt: Der Blickwinkel der Leidenden führt uns näher zu Christus.

Das Kapitel gliedert sich dabei so, dass erst einmal einige Aspekte zum Thema Spiritualität benannt werden. Im Anschluss daran geht es um die Grundlagen traumasensibler Spiritualität, bevor beispielhaft einige konkrete Ausdrucksformen beschrieben werden.

## Spiritualität

Das Wort „Spiritualität" wird in unserem heutigen Sprachgebrauch sehr breit verwendet und reicht weit in die Esoterik hinein. Es handelt sich seiner Geschichte nach aber um einen zutiefst christlichen Begriff, der etwa ab dem 5. Jahrhundert verwendet wurde. Dort bezeichnete er so viel wie ein durch den Heiligen Geist geprägtes Glaubensleben.[40]

Christliche Spiritualität hat heute verschiedene Bedeutungsfacetten. Es geht darum, dass Glaube persönlich und erfahrungsbezogen wird. Also sich nicht einfach in Glaubenstraditionen einzufügen, sondern sie sich anzueignen und auf sich persönlich zu beziehen. Das Wort betont auch, dass wir dabei als Menschen mitgestalten, nicht willkürlich, aber in Freiheit. Glaube ist ein Geschenk Gottes, aber wir können dem Heiligen Geist bewusst Raum geben. Es ließe sich sagen: Spiritualität ist die gestaltbare Seite des Glaubens. Wir können unsere Hände öffnen. Ob Gott sie füllt, liegt nicht bei uns. Aber die Hände öffnen, und das tun wir in der Spiritualität, das können wir.

Weil es um Glauben geht, ist Spiritualität kein Mittel zum Zweck. Dieser Punkt ist wichtig, vor allem im Bereich von Gesundheit und Spiritualität, in dem wir uns ein Stück weit bewegen. Die Versuchung ist groß, traumasensible Spiritualität wie eine Tablette zu betrachten, die man einnimmt, weil sie gut für die psychische Gesundheit ist. Das eigentliche Ziel ist dann das eigene Wohlergehen und Spiritualität nur das Mittel, um dieses Ziel zu erreichen. Aber so verfehlen wir den Kern von christlicher Spiritualität. Denn bei ihr geht es um die Beziehung zu Gott. Und die ist Selbstzweck.

Stellen Sie sich vor, Sie haben eine beste Freundin und Ihre gemeinsame Beziehung macht Ihnen viel Freude. Sie haben tiefe Gespräche und entspannen sich gut miteinander. Der Unterschied zwischen „Mittel zum Zweck“ und „Selbstzweck“ wäre folgender: Würden Sie Ihre Freundin als Mittel zum Zweck betrachten, dann ginge es Ihnen gar nicht um sie als Mensch. Dann würde es Ihnen einfach um Ihre Entspannung und ein paar gute Inputs gehen, und die Freundin wäre eben das Mittel dafür. Eine solche Freundschaft wäre allerdings keine echte Freundschaft. Die gemeinsame Zeit würde schnell an Qualität verlieren, die erhoffte „Wirkung" ausbleiben, und die Beziehung wäre sicher nicht krisenresistent.

Ist hingegen die Beziehung zu Ihrer Freundin „Selbstzweck", dann geht es Ihnen um Ihre Freundin als Person. Sie mögen sie, interessieren sich für sie und unterhalten sich gerne mit ihr. Dass Sie sich dabei entspannen und einige gute Inputs bekommen, ist ein schöner Nebeneffekt, der beiläufig entsteht, ist aber nicht das Eigentliche. Sie mögen Ihre Freundin einfach, weil sie ist, wer sie ist. Die gemeinsame Zeit wird so an Qualität gewinnen, Sie werden sich weiter gemeinsam wunderbar entspannen und bereichern. Wenn einmal eine Krise kommt, in der das Schöne ausbleibt, halten Sie trotzdem zusammen. Denn Sie mögen Ihre Freundin um ihrer selbst willen.

Nun zu der Beziehung zu Gott: Auch der Glaube ist nicht Mittel zum Zweck, sondern Selbstzweck. Wenn wir die Beziehung zu Gott suchen, weil das vielleicht bessere Gesundheit, Lebenshilfe oder weniger Sorgen bringt, dann verpassen wir das, worum es in der Beziehung eigentlich geht. Auch die positiven Wirkungen werden sich wahrscheinlich nicht besonders ausgeprägt zeigen. Und wenn einmal eine Krise kommt oder die erhofften Güter ausbleiben, ebbt der Glaube schnell wieder ab. Denn es ging dann bei Spiritualität nicht um eine Beziehung zu Gott, sondern um ein eigenes Interesse, für das wir Gott einspannen wollten.

Glaube ist aber Selbstzweck. Spiritualität ist die Suche des Herzens nach Gott. Es geht ihr um Gott selbst, nicht um irgendwelche Nebeneffekte, die der Glaube haben kann, aber nicht muss. Sie können sich einstellen, aber sie sind nicht das, worum es beim Glauben geht. Christliche Spiritualität will Gott selber suchen und die Hände für ihn öffnen.

Dazu gehören wie bei einer Freundschaft auch erfüllende und magere Zeiten. Manchmal ist Gott hörbar, manchmal aber schweigt er unerträglich lange. Manchmal ist Gott spürbar, manchmal aber ist er scheinbar unerreichbar weit weg. Christliche Spiritualität ist keine Gebrauchsanleitung, mit Gott nur über grüne Wiesen zu tanzen. Die schönen und leichten Momente sind wichtig. Aber die Wüstenzeiten werden nicht ausbleiben. Die Bibel ist voller Wüstenzeiten. Und auch Betroffene erleben in ihrem Glauben oft schier unendlich lange Zeiten dieser Art. Traumasensible Spiritualität kann keine Routen um diese Wüsten herum aufzeigen, sondern will etwas Wegproviant mitgeben.

## Grundlagen traumasensibler Spiritualität

Der Wegproviant für die Suche nach Gott, die traumasensible Spiritualität begleiten will, hat bestimmte Zutaten. Um die wichtigsten soll es in diesem Abschnitt gehen.

### *Die Kompetenz der Betroffenen*

Auf der Suche nach Gott gibt es keine Meister. Alle Christinnen und Christen starten immer wieder von Anfang an. Und doch bringen bei der Suche nach einer traumasensiblen Spiritualität Betroffene eine besondere Kompetenz mit. Denn sie wissen am ehesten, was sie weiterführt oder was sie belastet. Die Kompetenz von Betroffenen anzuerkennen, kann zweierlei Konsequenzen haben:

Wenn Sie selbst traumatische Erfahrungen mitbringen, dann haben Sie Vertrauen in Ihre eigenen Fähigkeiten und Empfindungen, um gut durch das Meer der christlichen Spiritualität zu navigieren. Was traumasensible Spiritualität bedeutet, kann für verschiedene Menschen unterschiedlich sein. Vertrauen Sie auf die eigene Kompetenz bei dieser Suche.

Wenn Sie selbst nicht betroffen sind, dann ist Lernbereitschaft wichtig. Interessieren Sie sich dafür, was Betroffene sagen, malen, komponieren oder schreiben. Lassen Sie sich auf Perspektivwechsel in Bezug auf Glaubensthemen ein, die Ihnen wichtig sind. Seien Sie bereit, von Betroffenen zu lernen, was traumasensible Spiritualität sein kann.

### *Engagement*

Es gibt spirituelle Traditionen, die zum innerlichen und äußerlichen Rückzug aus der Welt anleiten. Dies kann auch in traumasensibler Spiritualität wichtig sein. Doch führt traumasensible Spiritualität auch wieder hinaus in das Engagement für die Mitmenschen. Es geht nicht um weltfremde spirituelle Trostpflaster, sondern darum, Kraft zu sammeln, um dann die Welt zu verändern. Das Reich Gottes ist etwas, das innerlich die Menschen verwandelt. Und dann kann diese Veränderung auch nach außen getragen werden. Im Alten Testament heißt es immer wieder, dass Gott Recht und Gerechtigkeit liebt und beides die Stützen seines Thrones sind. Bei konkretem Engagement kann es darum gehen, wie Betroffene zu ihrem Recht kommen und wie Gerechtigkeit für Opfer, Täter und deren Umfeld aussehen kann.

### *Beziehungen*

Jesus sandte seine Jünger und Jüngerinnen nicht alleine, sondern immer mindestens zu zweit los. Auch Paulus hatte auf seinen Reisen immer Begleiter dabei. Gemeinschaft ist für den christlichen Glauben elementar wichtig. „Ein Christ allein geht ein" heißt ein Sprichwort.

Wir leben im 21. Jahrhundert in einer Zeit immer stärker voranschreitender Individualisierung. Für die Bewältigung des Alltags sind viele Menschen immer weniger auf ihre Mitmenschen angewiesen, bzw. meinen sie das. Das gilt auch im Bereich des Glaubens. Für einen Großteil der Menschen in Deutschland ist Religion Privatsache, und dementsprechend gibt es immer weniger Kontexte, in denen über Glauben gesprochen oder er gemeinsam gelebt wird. Dies führt zu einer Vereinzelung. Betroffene können von dieser Vereinzelung noch stärker erfasst sein. Dies kann daran liegen, dass sie sich mit ihren Glaubensfragen in bestehenden Gemeinschaften nicht wiederfinden oder dort schlechte Erfahrungen gemacht haben.

Für traumasensible Spiritualität ist es wichtig, nach Beziehungen und Gemeinschaften zu suchen, in denen der eigene Glaube einen Raum hat. Dies können örtliche Gemeinden sein oder aber auch eine virtuelle Gemeinschaft. Durch die Corona-Zeit haben viele Menschen erfahren, dass virtuelle Gemeinschaft zwar auch ihre Grenzen, auf der anderen Seite aber auch große Vorteile hat. Bei der Initiative Gottes-Suche gibt es eine Gruppe, die das Jahr über per E-Mail in Kontakt steht und sich ca. einmal im Jahr für ein Wochenende trifft. Gemeinschaft im Glauben kann ganz unterschiedliche Formen annehmen.

Für alle, die die Möglichkeit dazu haben, kann „Geistliche Begleitung" sehr sinnvoll sein. Dabei handelt es sich um regelmäßige Seelsorge mit einem Fokus auf Glaubensfragen. Über die Zeit kann hier eine Vertrauensbeziehung entstehen. Außerdem sind geistliche BegleiterInnen im Idealfall theologisch geschult und können sich daher leichter in verschiedene Perspektiven - und eben auch eine traumasensible Perspektive - hineinversetzen.

### *Ausdrucksformen für Unsagbares*

Menschliche Sprache kann an ihre Grenzen kommen. Dies tut sie sogar ziemlich schnell, wenn Menschen versuchen, über Gott zu sprechen. Sprache kommt auch an ihre Grenzen, wenn es um Traumata geht. Oft gibt es keine angemessenen Worte für das Geschehene. Die menschliche Sprachlosigkeit kann eben dann besonders groß sein, wenn beides zusammenfällt: bei Glauben nach traumatischen Erfahrungen. Worte werden schnell zu Phrasen.

Und doch ringen Menschen immer wieder um Ausdrucksformen für Unsagbares: wenn Schweigen ausgehalten wird, wenn Poesie die Grenzen von Sprache auslotet oder im Bereich von Musik und Kunst. In traumasensibler Spiritualität haben diese Grenzbereiche von Sprache einen wichtigen Platz. Sie können manchmal besser sagen, was nicht gesagt werden kann. Viele Betroffene drücken sich deswegen künstlerisch aus oder suchen nach Ausdruck in bestehenden Kunstwerken. Carola Moosbach hat beispielsweise aus einer Betroffenenperspektive ausdrucksstarke Gedichte und Gebete geschrieben, die auf der Grenze zur Sprachlosigkeit balancieren. Eines davon ist das „Such- und Klagegebet“.[41]

*Mit der Anrede fängt es schon an Gott*
*Du unbekannte Größe mit vier Buchstaben*
*die mir nicht aus der Seele will.*

*Sag mir wie soll ich Dich nennen?*
*Es ist besser, wenn du nicht zur Familie gehörst*
*mit denen spreche ich nicht.*

*‚Vater‘ ist der mir die Seele gemordet hat*
*der mir beibrachte ein stinkender Lappen zu sein*
*dazu da seinen Samen zu schlucken*
*Soll ich Dich wirklich ‚Vater‘ nennen Gott?*

*‚Mutter‘ ist die mir ein Loch in die Seele brannte*
*die mich lehrte ein Mülleimer ihrer Sorgen zu sein*
*Soll ich Dich wirklich ‚Mutter‘ nennen Gott?*

*Nur gut daß ich keine Schwestern hatte Schwester Gott*
*aber darunter kann ich mir nichts vorstellen*

*Und wo warst Du als ich in dem Keller war*
*und mein Vater über mir Gott?*
*Als ich vom Rand der Erde gesprengt wurde*
*um als Gesteinsbrocken*

*durchs Universum zu kreisen wo warst Du da Gott?*
*Es stimmt nicht daß man aus dir nicht herausfallen kann*

*Und was hast Du zu tun mit diesen schleimigen Pfaffen*
*die Dich an die Mächtigen verschachern*
*und familiären Umgang*
*mit deinem Bibel-Buch pflegen Gott?*

*Und was soll ich mit Deiner Liebe anfangen Gott wenn sie*
*auch meinem Vater gilt?*

*Ich weiß*
*es gibt da einen Strom*
*ein zartes Gewebe das die Erde zusammenhält*
*ein Schweben über den Tönen der h-Moll Messe*
*und ich weiß das bist du Gott*
*aber ich verstehe es nicht und es bringt mich zum Weinen*

*Bitte finde mich bald Schwester Gott*

Eindrucksvoll beschreibt Carola Moosbach die Suche nach Glaubenssprache. Sie fasst in Worte, wie vergiftet oder verbraucht viele Gottesbilder für sie sind und wie knochentief der Schmerz brennt. Sie findet intensive Metaphern für Hoffnungslosigkeit und Verlorenheit. Sie fasst das Unsagbare in Sprache. Betroffene finden sich immer wieder in diesen Texten wieder.

Ein beeindruckendes musikalisches Beispiel, das als Umgang mit dem Trauma sexueller Gewalt verstanden werden kann, ist der Popsong „Praying“ von Kesha. Er beschreibt die emotionalen Verletzungen sexueller Gewalt und stellt die für die Sängerin folgenden existentiellen Glaubensfragen. Durch Erschütterungen hindurch ist im Lied auch eine immer stärker werdende Hoffnung spürbar. Das Lied samt Video findet sich auf YouTube.

### *Die Bedeutung des Körpers*

Paulus schreibt im 1. Korintherbrief, dass der Körper ein Tempel des Heiligen Geistes ist. Der Körper ist ein Wohnort Gottes. Der Körper ist etwas Heiliges. Bedenkt man, dass in der Antike der jüdische Tempel der entscheidende Ort war, an dem Menschen Gott begegnen konnten, wird erst die ganze Tragweite dieser Aussage deutlich: Durch deinen Körper kannst du Gott begegnen.

Diese Einsicht von Paulus wurde in der weiteren Kirchengeschichte leider meist wenig beherzigt. Oft wurde die Rolle des Körpers für den Glauben nicht beachtet oder er vor allem als Quelle von Versuchungen gesehen. Besonders im Protestantismus kam später noch eine starke Reduzierung auf das gesprochene Wort hinzu. Glauben wurde so häufig zu einer verkopften Angelegenheit. Dass der Körper ein Tempel des Heiligen Geistes ist, wurde nicht beachtet. Überzeichnet gesagt denken manche Christinnen und Christen: Der Körper ist dazu da, den Kopf zu tragen, und ist Quelle ständiger Probleme und Sünden. Mit einem positiven Bezug zum eigenen Körper tun sich dann viele schwer.

Mit Blick auf die Dynamik von Glaube nach Traumata ist das tragisch. Denn ein Trauma sitzt im Körper. Entsprechend kommt dem Körper bei der Bewältigung eines Traumas eine wichtige Rolle zu. Und dies eben auch in seiner religiösen Dimension. Beispielsweise können Betroffene von Gewalt und besonders sexueller Gewalt ihren Körper als entheiligt erleben. Etwas davon findet sich auch in biblischen Texten wieder. Psalm 74 beklagt mit starken Worten und Bildern die Entweihung des Heiligtums und hält trotzdem fest am Vertrauen auf Gottes Macht. Doch der Schmerz überwiegt in weiten Teilen des Psalms.

Ein wichtiger Aspekt von traumasensibler Spiritualität ist, die Bedeutung des Körpers für den Glauben wiederzuentdecken. Durch den Körper bzw. körperliche Aktivität kann sich Glauben ausdrücken. Das Pilgern ist dafür ein altes Beispiel, das besonders in Krisenzeiten vielen Menschen weiterhilft.

Und wenn der Körper ein Tempel des Heiligen Geistes ist, dann sind die Pflege und Fürsorge für diesen Tempel eine Form von Gottesdienst. Besonders dann, wenn der Tempel Verwüstung durchlitten hat.

### *Die Kraft der Rituale*

Ein Ritual ist eine nach einer bestimmten Ordnung ablaufende Handlung, die einen symbolischen Gehalt hat.

Dabei geht es meist um Kommunikation: Kommunikation mit sich selbst, mit seinen Mitmenschen oder mit Gott. Eine einfache Form des Rituals ist das Gebet. Ein Gottesdienst ist voller unterschiedlicher Rituale, in denen Menschen mit sich selbst, mit Gott oder miteinander kommunizieren.

Weil Rituale bestimmten Regeln folgen, sind sie für die Kommunikation besonders in Grenzsituationen wichtig. Sie schaffen Stabilität und stiften Ordnung. Und das immer wieder auch in Situationen, die das Potential haben, Menschen zu überwältigen und zu überfordern. Hier liegt ihre Bedeutung für traumasensible Spiritualität. Der Notfallseelsorger Frank Waterstraat schreibt: „Rituale ordnen den Raum und die Zeit und geben ansatzweise verloren gegangene Orientierung zurück.“[42] Traumata sind überwältigende und überfordernde Erfahrungen. Aber Rituale können ein Anker der Stabilität sein. Der Psychotraumatologe Richard Mollica, der viel in Flüchtlingscamps gearbeitet hat, beschreibt in seinen Büchern die Kraft der Rituale. Nach seiner Darstellung schaffen Rituale zum Beispiel einen festen Rahmen, in dem starke Gefühle ausgedrückt und verstanden werden können. Über lange Zeit könnten so kleine Rituale wie Gebete, Meditationen oder Tagebuchschreiben traumatisierten Menschen sehr weiterhelfen.[43]

### *Die Texte der Bibel*

Es wurde in früheren Abschnitten schon gesagt, dass das zeitgemäße Verstehen der Bibel moderne Lesende vor große Herausforderungen stellt. An dieser Stelle soll noch einmal betont werden, dass es sich lohnt, diese Herausforderung anzunehmen. Denn die Bibel ist wie eine spirituelle Schatzkiste, die nicht leicht zu öffnen, deren Inhalt aber unglaublich wertvoll ist. Alle großen Geister des christlichen Glaubens haben aus der Bibel gelebt. Christliche Spiritualität ist ohne die Texte der Bibel nicht denkbar. Und sie ist eben da besonders wertvoll, wo sie uns Christus zeigt. Für traumasensible Spiritualität können biblische Texte auf verschiedene Weise wichtig werden. Biblische Texte können Sprachhilfe für

Klage und Trauer sein. Sie können aber auch helfen, Dank auszudrücken. Sie können ins Gebet führen. Sie können theologisch und ethisch zum Nachdenken geben. Sie können Hoffnung, Identität und Sinn stiften. Durch sie kann Gott in das Leben von Menschen hineinsprechen.

All diese Grundlagen und Zutaten gehören zu einer traumasensiblen Spiritualität dazu. Abschließend soll es nun um einige praktische Beispiele gehen. Also um ganz konkrete geistliche Übungen, die dazu einladen, eigene Erfahrungen zu machen. Davor ist aber noch ein Zwischenruf wichtig.

### Zwischenruf: Spiritueller Missbrauch

Das Anliegen von christlicher Spiritualität ist es, Menschen Formen an die Hand zu geben, wie sie ihre Liebesbeziehung zu Gott leben können. Für die Beziehung zu Gott ist die Beziehung zu anderen Menschen wichtig. Es wurde vorhin etwas über die Bedeutung von Gemeinschaft für den Glauben gesagt und die Chancen von geistlicher Begleitung und Seelsorge betont. Und prinzipiell ist dies alles auch gut und wichtig, ja gehört zum Glauben dazu. Allerdings ist die spirituelle Begleitung durch andere Menschen kein missbrauchsfreier Rahmen. Es kommt vor, dass Menschen behaupten, sie hätten einen besonders exklusiven Zugang zu Gott, der es ihnen erlauben würde, den Willen Gottes für andere Menschen zu erkennen. Oft ist dies mit der Forderung nach Gehorsam und Unterordnung verknüpft. Es wird dann direktiv gesagt, welche Schritte im Glauben die begleitete Person zu gehen habe. Dies ist allerdings nicht nur übergriffig und gefährlich, sondern auch theologisch nicht begründbar. Denn geistliche

Autoritäten setzen sich dann an die Stelle Gottes und nehmen damit einen Platz ein, der ihnen nicht zukommt. Sie drängen sich in eine Liebesbeziehung, statt sie zu unterstützen.

Doris Wagner hat über spirituellen Missbrauch ein sehr kluges und lesenswertes Buch geschrieben.[44] Weil das Thema hier nur kurz angesprochen werden kann, lohnt sich auf jeden Fall die Lektüre. Das Buch hilft, problematische bis gefährliche Beziehungskonstellationen in Begleitung und Seelsorge zu erkennen. Ein für Doris Wagner wichtiger Begriff ist „spirituelle Selbstbestimmung". Natürlich hat auch dieses Selbstbestimmungsrecht Grenzen, wo für sich oder andere Schaden entsteht. Die Idee ist insgesamt aber hilfreich, weil sie deutlich macht, dass geistliche Begleitung die Mündigkeit und Freiheit von Menschen in ihrem Glaubensleben stärken soll. Und das macht theologisch sehr viel Sinn so. Denn der christliche Glaube ist eine Liebesbeziehung zu Gott. Und Liebe und Freiheit gehören zusammen. Liebe kann nicht erzwungen werden; schon gar nicht die Liebe zu Gott.

Geistliche Begleitung und Seelsorge können für die spirituelle Selbstbestimmung eine große Unterstützung sein. Es lohnt sich in solchen Prozessen aber immer wieder die Frage, ob die Mündigkeit im Glauben erhöht oder beschränkt wird. Und wenn das zweite der Fall ist, ist es sinnvoll, sich eine andere Begleitung zu suchen.

Begleiterinnen und Begleiter können Erfahrungen, Ressourcen, Texte, Rituale oder Wissen mitbringen und weitergeben, und all das kann sehr hilfreich sein. Aber es gibt im christlichen Glauben keine spirituellen Meister. Es gibt keine Gurus. Es gibt nur Jüngerinnen und Jünger. Priester, Pfarrerinnen, Ordensleute, geistliche Begleiterinnen, Bischöfe, Gemeindeleiter, Pastorinnen und Kirchenvorstände: Alle sind und bleiben Bettler um den Heiligen Geist. Wo Seelsorgende sich anders gerieren, ist kritische Vorsicht geboten.

## Konkretionen traumasensibler Spiritualität

### *Raum für Trauer und Klage*

Traumatische Erfahrungen sind mit schmerzhaften Verlusten verbunden. Tamar konnte nach dem Missbrauch durch ihren Halbbruder nicht einfach zu einer „Normalität davor" zurückfinden. Auch wenn wir aus dem Bibeltext nichts Näheres erfahren, gibt es Vieles, das dauerhaft verloren oder beschädigt bleiben kann: die psychische Stabilität, Vertrauensfähigkeit und Lebensmöglichkeiten, um nur einige Beispiele zu nennen. Zum Umgang mit Traumata gehört, dass die Verluste betrauert werden dürfen.

Die Psychotraumatologin Judith Herman beschreibt in ihrem Modell der Traumaverarbeitung: „Das Zulassen der tiefen Trauer ist nicht nur die notwendigste, sondern auch die am meisten gefürchtete Aufgabe in diesem Stadium der Genesung. Viele Patienten fühlen sich ihr nicht gewachsen und haben Angst, dass sie mit dem Trauern womöglich nie wieder aufhören können, wenn sie erst einmal damit angefangen haben."[45] Doch so herausfordernd und schmerzhaft es ist, Trauer zuzulassen, so wichtig ist es auch.

Glaubenstraditionen enthalten viel Weisheit darüber, wie Menschen Trauer erleben und wie sie damit umgehen können. Denn Verfasser der Bibel lebten in einem Land und einer Zeit, in der immer wieder grausame Kriege über ihr Volk hereinbrachen. Die Israeliten gehörten dabei oft zu den Verlierern, und die Grausamkeit der Sieger erreichte manchmal Dimensionen, die man sich kaum vorstellen mag.[46] So kommt es, dass in der Bibel viele Texte niedergeschrieben sind, die versuchen, Trauer auszudrücken. Dazu gehören unter anderem das Buch Hiob, die Klagelieder Jeremias oder die Klagepsalmen, um nur einige Beispiele zu nennen. Nun ist Trauer etwas, das sich kaum in Sprache fassen lässt. Die Bibel weiß darum, dass Trauer auch den ganzen Körper erfasst. In Psalm 22 heißt es: „Wie Wasser bin ich hingeschüttet, und alle meine Gebeine haben sich zertrennt; wie Wachs ist mein Herz geworden, zerschmolzen in meinem Inneren. Meine Kraft ist vertrocknet wie gebrannter Ton, und meine Zunge klebt an meinem Gaumen; und in den Staub des Todes legst du mich." (Psalm 22,15f Elberfelder Bibel)

Und auch wenn Sprache beim Ausdruck von Trauer schnell an ihre Grenzen kommt, kann zum Beispiel die Poesie der Klagepsalmen eine Art Geländer sein, mit deren Unterstützung zumindest Teile der Trauer in Worte gefasst werden können. Ein Beispiel dafür ist Psalm 88:

> 1 [Ein Lied. Ein Psalm der Korachiter. Für den Chormeister. Nach der Weise Krankheit zu singen. Ein Weisheitslied Hemans, des Esrachiters.]
> *2 HERR, du Gott meiner Rettung, am Tag und in der Nacht schrei ich vor dir.*
> *3 Lass mein Bittgebet vor dein Angesicht kommen, neige dein Ohr meinem Rufen!*
> *4 Denn mit Leid ist meine Seele gesättigt, mein Leben berührt die Totenwelt.*

*5 Schon zähle ich zu denen, die hinabsteigen in die Grube,*
*bin wie ein Mensch, in dem keine Kraft mehr ist.*
*6 Ausgestoßen unter den Toten, wie Erschlagene, die im Grab*
*liegen, derer du nicht mehr gedenkst, abgeschnitten sind sie*
*von deiner Hand.*
*7 Du brachtest mich in die unterste Grube, in Finsternisse, in*
*Tiefen.*
*8 Auf mir lastet dein Grimm, mit all deinen Wogen drückst du*
*mich nieder.*
*9 Entfernt hast du von mir meine Vertrauten, zum Abscheu*
*machtest du mich ihnen. Gefangen bin ich und komm nicht*
*heraus.*
*10 Mein Auge erlischt vor Elend. Den ganzen Tag, HERR, ruf*
*ich zu dir, ich strecke nach dir meine Hände aus.*
*11 Wirst du an den Toten Wunder tun, werden Schatten auf-*
*stehn, um dir zu danken?*
*12 Erzählt man im Grab von deiner Huld, von deiner Treue*
*im Totenreich?*
*13 Werden deine Wunder in der Finsternis erkannt, deine Ge-*
*rechtigkeit im Land des Vergessens?*
*14 Ich aber, HERR, ich schreie zu dir um Hilfe, am Morgen*
*komme zu dir mein Bittgebet.*
*15 Warum, HERR, verstößt du mich, verbirgst vor mir dein*
*Angesicht?*
*16 Elend bin ich, ein Sterbender von Jugend an, ich trage*
*deine Schrecken und erstarre.*
*17 Über mich fuhr dahin die Glut deines Zorns, deine Schre-*
*cken haben mich vernichtet.*
*18 Sie umfluten mich den ganzen Tag wie Wasser, sie dringen*
*auf mich ein von allen Seiten.*

*19 Entfernt hast du von mir Freunde und Nachbarn, mein Vertrauter ist nur noch die Finsternis.*
(Psalm 88,1-19 Einheitsübersetzung)

Auch wenn der Psalm mit einer lobenden Anrede beginnt, wechselt er gleich in die Klage. Es folgen Bilder, die das Leiden beschreiben, Anklagen an Gott, die ihm die Schuld zuschieben, und teils sarkastische Fragen. Es gibt viele Klagepsalmen, die an einem bestimmten Punkt umschwenken und dann beginnen Gott zu loben. Und das kann sein: Klage kann Hoffnung revitalisieren. Aber ein solcher Umschwung, dass Gott der Freund und Retter ist, findet sich in Psalm 88 nicht, sondern es heißt: „mein Vertrauter ist nur noch die Finsternis."

Es beinhaltet verschiedene Botschaften, dass ein solcher Psalm in der Bibel steht, also Teil der Heiligen Schrift ist. Erstens zeigt es, dass es Trauer gibt, für die sich kein voreiliger Trost findet. Es helfen kein positives Denken, keine Ermutigung und keine Abkürzung um die Trauer herum. Trauer kann lange und schmerzhaft sein. Auch am Ende des Psalms hält die Dunkelheit an. Am Ende wird nicht alles gut. Die Bibel erkennt das an.

Zweitens zeigt der Psalm, wie Menschen ihre Trauer vor Gott bringen können. Und zwar ohne fromme Scheu, mit heftiger, die Grenze zur Blasphemie überschreitender Sprache. Klage kann Gott alles vor die Füße kotzen, flennen, schleudern. Das wurde schon früher in Bezug auf das Hiobbuch gezeigt. Gott sagt am Ende des Hiobbuches, dass nicht die Freunde richtig von Gott geredet haben, die mit theologisch korrekten Formulierungen alles erklärt und Gott in Schutz genommen haben, sondern Hiob, der mit heftiger polemischer Sprache Gott angegriffen hat. Ja ihn beschimpft hat. Hiob und der Beter des Psalms 88 haben dabei noch etwas gemeinsam: Sie lassen den Gesprächsfaden mit Gott nicht abreißen. Sie wenden sich direkt an Gott, sie entlassen Gott nicht aus seiner Verantwortung, für die Trauernden zu sorgen.

Drittens gibt der Psalm der Trauer auf paradoxe Weise einen Rahmen. Indem er anerkennt, dass es keine angemessene Sprache gibt, findet er doch eine Sprache. Der Psalm erkennt die Grenzenlosigkeit der Trauer an. Und doch ist der Psalm in andere Psalmen eingebettet, und zeigt damit, dass es auch wieder Wege aus der Trauer hinaus gibt.

Schließlich ist die Trauer kein Zeichen der Schwäche. Sie ist ein Akt der Stärke. Weil Trauernde aktiv mit ihrem Schmerz umgehen und ihn herausschreien. Der Beter des Psalms übernimmt damit Verantwortung für die eigene seelische Genesung.

Die Trauer ist aber auch deswegen ein Akt der Stärke, weil er die Würde des Betenden unterstreicht. Er ringt und kämpft mit Gott selbst. Das adelt nicht nur die Klage, sondern auch den Beter und die Beterin selbst.

Die Klagepsalmen können eine ganz praktische Anleitung sein, zu klagen. Dies geht zum einen, indem sie gelesen und gebetet werden. Es soll hier eine weitere kreative Methode vorgestellt werden, die ich so von einer Betroffenen kennengelernt habe.[47] Sie lässt sich mit verschiedenen Bibeltexten, besonders gut aber mit Psalmen anwenden. Es entsteht dabei eine Art schriftliches Gebet. Dabei wird der Psalm abgeschrieben, kommentiert und damit angeeignet.

Wichtig ist, sich Zeit und einen ruhigen Ort zum Schreiben zu suchen. Im zweiten Schritt braucht es einen Psalm, der das Thema berührt, dem man sich widmen will. So ein Psalm lässt sich manuell suchen oder man gibt in eine Internetsuchmaschine z. B. das Stichwort „Klagepsalmen" ein. Der gewählte Text kann ansprechen oder besonders widerständig sein.

Ist der Text gewählt, wird der erste Vers abgeschrieben. Dann werden die eigenen Gedanken und Gefühle zu diesem Text niedergeschrieben. Dann wird etwas Platz für Nachträge gelassen und der nächste Vers geschrieben und kommentiert. So führt der Weg durch den ganzen Klagepsalm.

Praktisch anhand von Psalm 88 demonstriert, kann das so aussehen:

1 Ein Lied. Ein Psalm der Korachiter. Für den Chormeister. Nach der Weise Krankheit zu singen. Ein Weisheitslied Hemans, des Esrachiters.

*Was sind das für komische Worte? Was sollen denn bitte Korachiter oder Esrachiter sein? Alte Texte aus einer vergangenen Zeit. Haben die überhaupt noch was zu sagen? Wie man ein „Lied nach der Weise Krankheit" singt, weiß ich nicht, aber von Krankheit kann ich ein Lied singen.*

2 HERR, du Gott meiner Rettung, am Tag und in der Nacht schrei ich vor dir.

*Genau dieser Gott der Rettung bist du ja für mich nicht gewesen. Sonst ginge es mir jetzt nicht so dreckig. Wo warst du? Ich habe zu dir geschrien, aber du hast mir nicht geholfen.*

*Und auch jetzt schreie ich Tag und Nacht, und du bist nicht da.*

3 Lass mein Bittgebet vor dein Angesicht kommen, neige dein Ohr meinem Rufen!
*Hör mich doch endlich!!*

4 Denn mit Leid ist meine Seele gesättigt, mein Leben berührt die Totenwelt.
*Ja, das stimmt wenigstens. Ich bin übersättigt von Leiden. Ich fühle mich wirklich dem Tod näher als dem Leben. Mir geht es echt dreckig.*

*[...]*

### *Raum für Zorn*

Trauer kann in Zorn münden, bzw. kann sich beides in der Klage vermischen. Cornelia Faulde schreibt: „Mit der Erinnerung an alte Verletzung bricht oft auch ein unbändiges Gefühl von Wut und Zorn auf, das sich wie ein Vulkan nach außen entladen oder wie ein nagendes Tier im eigenen Innern festsetzen kann. Wut und Zorn sind häufig ein Zeichen von Gesundung, weil sie das Ende der Verdrängung bedeuten und angemessene Reaktionen auf Unrecht und Verletzung darstellen.“[48]

Diese Schilderung zeigt ganz unterschiedliche Aspekte auf. Es wird festgehalten, dass Zorn ein Zeichen von psychischer Gesundung und damit etwas Positives ist. Und Zorn ist die angemessene Reaktion auf Unrecht. Gleichzeitig ist

Zorn auch ein Gefühl, mit dem nicht einfach umzugehen ist. Wenn sich Zorn nach innen richtet oder unterdrückt wird, dann wird er zu einem nagenden Tier. Zorn frisst dann von innen auf und wirkt zerstörerisch. Deshalb ist es wichtig, dass Zorn ein Ventil nach außen findet. Cornelia Faulde vergleicht ausgedrückten Zorn dabei mit einem Vulkan. Und auch dieser Vergleich macht deutlich, dass der Umgang mit Zorn nicht einfach ist. Ein Vulkan kann ganze Landstriche und das Leben darauf zerstören. Ein Vulkan kann aber auch etwas Lebensschaffendes sein. Durch Vulkanausbrüche können Inseln im Meer entstehen, die dann die Grundlage für neues Leben bilden. Auf Vulkanasche können Pflanzen gut wachsen. Aber ein erneuter Ausbruch kann sie auch wieder verheeren.

Wie kann die Energie des Vulkans in möglichst positive Bahnen gelenkt werden?

Auf jeden Fall nicht dadurch, dass sie unterdrückt wird. Und die Versuchung, das zu tun, ist für Christinnen und Christen besonders groß. Denn es werden in der christlichen Tradition oft Werte wie Feindesliebe, Vergebung, Sanftmut und Friede betont. Werden diese Werte oberflächlich verstanden, was häufig der Fall ist, dann sind sie wie ein Deckel auf einem Dampfkochtopf. Dann soll Zorn möglichst mit sich selbst in seinem Inneren ausgemacht oder verdrängt werden. Dabei sind Feindesliebe, Vergebung, Sanftmut und Friede, sofern sie angemessen sind, ohnehin nur durch den Zorn hindurch möglich, nicht an ihm vorbei.

Es gibt viele biblische Texte, die den Ausdruck von Zorn unterstützen. Psalm 94 ist so ein Beispiel:

*1 Gott der Vergeltung, HERR, du Gott der Vergeltung, er-*
*scheine!*
*2 Erhebe dich, Richter der Erde, vergilt den Stolzen ihr Tun!*
*3 Wie lange noch dürfen die Frevler, HERR, wie lange noch*
*dürfen die Frevler frohlocken?*
*4 Sie geifern und führen freche Reden, die Übeltäter brüsten*
*sich alle.*
*5 HERR, sie zertreten dein Volk, sie unterdrücken dein Erb-*
*teil.*
*6 Sie bringen die Witwen und Fremden um und morden die*
*Waisen.*
*7 Sie sagten: Der HERR sieht es nicht, der Gott Jakobs merkt*
*es nicht.*
*8 Begreift doch, ihr Toren im Volk! Ihr Unvernünftigen,*
*wann werdet ihr klug?*
*9 Sollte der nicht hören, der das Ohr gepflanzt hat, sollte der*
*nicht sehen, der das Auge geformt hat?*
*10 Sollte der nicht zurechtweisen, der die Nationen erzieht,*
*er, der die Menschen Erkenntnis lehrt?*
*11 Der HERR kennt die Gedanken der Menschen: Sie sind ein*
*Windhauch.*
*12 Selig der Mann, den du, HERR, erziehst, den du mit deiner*
*Weisung belehrst,*
*13 um ihm Ruhe zu schaffen vor bösen Tagen, bis dem Frevler*
*die Grube gegraben ist.*
*14 Denn der HERR lässt sein Volk nicht im Stich und wird*
*sein Erbe nicht verlassen.*
*15 Nun spricht man wieder Recht nach Gerechtigkeit; ihr*
*folgen alle Menschen mit redlichem Herzen.*

*16 Wer wird sich für mich gegen die Bösen erheben, wer tritt gegen die Übeltäter für mich ein?*
*17 Wäre nicht der HERR meine Hilfe, bald würde meine Seele wohnen im Schweigen.*
*18 Wenn ich sage: Mein Fuß gleitet aus, dann stützt mich, HERR, deine Huld.*
*19 Mehren sich die Sorgen in meinem Innern, so erquicken deine Tröstungen meine Seele.*
*20 Hat sich mit dir der Thron des Verderbens verbündet, der Mühsal schafft, gegen das Gesetz?*
*21 Sie rotten sich zusammen gegen das Leben des Gerechten, unschuldiges Blut sprechen sie schuldig.*
*22 Da wurde mir der HERR zur Schutzburg, mein Gott zum Fels meiner Zuflucht.*
*23 Er vergalt ihnen ihr Unrecht, er vernichtet sie wegen ihrer Bosheit, vernichten wird sie der HERR, unser Gott.*
(Psalm 94 Einheitsübersetzung)

Der Psalm eröffnet damit, dass Gott als Gott der Vergeltung angesprochen wird, und schließt mit der Gewissheit, dass Gott die Frevler vernichten wird. Den Raum dazwischen füllen Zorn, Anklagen, Hilfeschreie und Vergeltungswünsche. Die Person, die den Psalm geschrieben hat, kennt Rachephantasien. In anderen Psalmen sind diese noch deutlich plastischer. So heißt es in Psalm 58: „Gott, zerbrich ihnen die Zähne im Mund. [...] Wenn der die Vergeltung sieht, freut sich der Gerechte, er badet seine Füße im Blut des Frevlers." (Psalm 58,7a.11 EÜ) Auch diese Rachephantasien haben vor Gott Platz. Indem sie ausgedrückt werden dürfen, kann der Zorn nach und nach gereinigt werden. Weil die Rache beschrieben wird, muss sie nicht selber ausgelebt werden. Der Psalm benennt, wie Täter ihre brutalen Verbrechen verleugnen und meinen, sie kämen damit vor Gott davon. Aber im Psalm ist klar, dass Gott für Recht und Gerechtigkeit sorgen wird. Zorn kann ein Motor sein, um daran mitzuarbeiten.

Damit Zorn eine positive Kraft ist, braucht er aber immer wieder auch Ventile. Einige davon reichen in den Bereich der Spiritualität hinein und können, aber müssen keine Verbindung zum Thema Glaube haben. Sport und körperliche Aktivität sind ein Beispiel. Beim Umgang mit Zorn hilft eine Stunde Sport mehr als tausend kluge Gedanken. Auch beim Pilgern hilft die körperliche Bewegung zur Verarbeitung von Emotionen.

Ebenfalls können solidarische Beziehungen bei der Verarbeitung von Zorn helfen. Wenn in den Gesprächen mit anderen Menschen anerkannt wird, dass der Zorn gerechtfertigt und gut ist und es berechtigte Gründe gibt, um wirklich zornig zu sein, kann etwas davon entweichen.

Abschließend seien noch zwei spirituelle Übungen benannt. Zum einen kann das Psalmenschreiben nicht nur auf Klagepsalmen, sondern auch auf Rache- und Fluchpsalmen übertragen werden. Eine geeignete Grundlage sind z. B. Psalm 35, 58 oder 94. Die Texte bilden ein Gerüst, anhand dessen Wut und Zorn in Worte gefasst werden können.

Sandra M. Flaherty beschreibt, wie sich ihr Zorn auch auf Gott richtet. Sie sagt, dass ehrlich ausgedrückte Wut auf Gott langfristig in eine größere Intimität mit ihm führen kann. Gott wisse ohnehin, was wir im Herzen tragen. Ihrem Zorn verleiht sie durch eine Art Ritual immer wieder Ausdruck. So sammelt sie Steine und stellt sich an ein Wasser. Dann legt sie auf jeden Stein gedanklich etwas, das sie zornig macht, und schleudert den Stein mit ganzer Kraft in das Wasser.

### *Innerer Friede*

Die Unruhe von Trauer und Zorn kostet viel seelische Kraft und kann das Bedürfnis nach Ruhe nach sich ziehen. Traumata betreffen das menschliche Stress-System. Die immer wiederkehrende Aktivierung kostet viel Energie und kann auslaugen.

In der christlichen Spiritualität gibt es verschiedene Traditionen, die helfen können, innerlich ruhiger zu werden und Kraft zu sammeln. Dabei geht es darum, ganz im Hier und Jetzt vor Gott zu sein. Nicht in der Vergangenheit und nicht in der Zukunft.

Drei geistliche Übungen werden im Folgenden dargestellt, welche die Suche nach innerem Frieden unterstützen können.

*Hören durch die Natur.* Dem spätantiken Kirchenvater Augustinus wird die Aussage zugeschrieben, dass Gott dem Menschen neben der Bibel noch ein zweites Buch gegeben habe, in dem er sich offenbart: das Buch der Schöpfung. Auch aus der Schöpfung lässt sich etwas von Gott hören. Sandra Flaherty schreibt, dass die Natur auf eine Lebenskraft verweist, die größer als wir selbst ist. Es sei wichtig zu hören, was die Natur über Heilung zu sagen habe. Ob es das Brausen eines Ozeans sei oder die Sanftheit eines kleinen Bachs. Im Gebet sei es wichtig zuzuhören.[49] Man könnte sagen, dass die Natur eine heilende Wirkung hat und selbst etwas über Heilung erzählt. Wir können die Ohren dafür öffnen, was Gott darüber durch die Schöpfung zu uns spricht.

Eine geistliche Übung dafür ist die Naturmeditation.[50] Dabei ist es wichtig, sich einen möglichst ruhigen und schönen Ort irgendwo in der Natur zu suchen: Das kann in einem Waldstück, am Strand oder an einem Fluss der Fall sein. Wenn möglich, ist es gut, wenn keine anderen Menschen in der Nähe sind.

Nehmen Sie sich 10 Minuten Zeit. Stellen Sie sich, wenn Sie wollen, einen Wecker/Timer, damit Sie nicht auf die Uhr blicken müssen. Nun lassen Sie sich Zeit und nehmen die Natur um sich herum wahr. Was sehen Sie? Was hören Sie? Was riechen Sie? Was fühlen Sie? Während Sie sich Zeit lassen und die Natur um sich herum wahrnehmen, werden Sie immer ruhiger werden und immer mehr entdecken. Nach einigen Minuten gehen Sie vielleicht ein paar Schritte, und nehmen wieder die Natur um sich herum wahr. Was spricht Gott durch seine Schöpfung zu dir?

Nach der festgesetzten Zeit beenden Sie die Übung und setzen Ihren Weg fort. Die Naturmeditation dauert nicht lange, ist nicht kompliziert zu lernen, aber ist auf positive Weise sehr eindrücklich.

*Mit dem Atem beten.* Eine andere geistliche Übung, die den Weg hin zu innerem Frieden unterstützen kann, ist, mit dem Atem zu beten. Die Atmung ist eine der wenigen Möglichkeiten, bewusst auf die Stresssysteme des Körpers Einfluss zu nehmen. Langsames und bewusstes Atmen kann beruhigen.

Eine alte Form, mit dem Atem zu beten, ist das Herzensgebet aus den orthodoxen Kirchen. Dort gibt es diese Tradition schon seit vielen Jahrhunderten. Ein kurzes Gebet wird dabei immer weiter wiederholt, bis es so in das Herz eingegangen ist, dass dieses selbstständig weiterbetet. Die Worte beim Herzensgebet sind z. B. „Jesus Christus, Sohn Gottes - erbarme dich meiner." Der erste Teil des Gebets - „Jesus Christus, Sohn Gottes" - wird dabei mit dem Einatmen gesprochen. Der zweite Teil - „erbarme dich meiner" - mit dem Ausatmen. Das Ganze wird mit jedem Atemzug wiederholt. „Jesus Christus, Sohn Gottes" mit dem Einatmen, „erbarme dich meiner" mit dem Ausatmen. „Jesus Christus, Sohn Gottes" mit dem Einatmen, „erbarme dich meiner" mit dem Ausatmen.

Der Text des Gebetes kann variieren. Da es sich um ein Gebet handelt, ist es wichtig, Gott im ersten Teil des Gebets beim Einatmen anzusprechen. Beim Ausatmen kann dann eine kurze Bitte, ein Dank oder ein anderes kurzes Gebetswort folgen. Wichtig ist, dass das Gebet einfach und kurz ist, sich also in einem Atemzug in Ruhe sprechen lässt. Beispiele für die Gebetsworte können sein:

| *Einatmen* | *Ausatmen* |
|---|---|
| Heiliger Geist | atme in mir |
| Geist des Lebens | Quelle des Friedens |
| Guter Gott | du bist bei mir |
| Jesus Christus | ich bete dich an |

Es ist sinnvoll, am Anfang das Herzensgebet für zwei bis drei Minuten zu sprechen. Sonst geht schnell die Konzentration verloren. Die Zeiträume können dann über die Zeit länger werden. Das Herzensgebet ist eine fruchtbare geistliche Übung. Der Körper findet Ruhe und das Herz öffnet sich für Gott.

*Die Lieder aus Taizé.* Von geistlicher Musik kann eine große Kraft ausgehen. Auch wenn Geschmäcker verschieden sind, machen viele Menschen die Erfahrung, dass die Musik aus Taizé eine sammelnde und beruhigende Wirkung hat. Taizé ist ein kleiner Ort im französischen Burgund. Dort bildete sich in der Zeit um den Zweiten Weltkrieg nach und nach ein Männerorden um den Gründer Frère Roger. Der jungen Gemeinschaft war es wichtig, ihr Gebet für alle Menschen zugänglich zu gestalten. Deswegen wurde Einfachheit ein hoher Wert. Ohne das so beabsichtigt zu haben, entwickelte sich eine eigene Art von Taizé-Musik. Dabei wird ein einfacher kurzer Text zu einer eingängigen Melodie gesungen. Es gibt keine Strophen, sondern das Lied wird immer weiter wiederholt, einige Minuten lang. Die meisten Lieder sind so einfach, dass jeder zumindest die Melodiestimme mitsingen kann. Durch die Wiederholungen empfinden viele Menschen die Musik als sehr meditativ. Auf allen größeren Musik-Plattformen im Internet sind die Lieder aus Taizé zugänglich, in vielen unterschiedlichen Sprachen. Musik und Gesang ist ein kraftvoller Bestandteil traumasensibler Spiritualität. Die Lieder aus Taizé sind ein schönes Hörerlebnis und eignen sich auch sehr gut, um sie alleine oder gemeinsam zu singen.

### *Der Blick auf die Freude*

Bei einem Seminar sagte mir einmal eine Traumatherapeutin sinngemäß: „Nicht der Blick auf den Schmerz, sondern der Blick auf die Freude heilt." Ich glaube, dieser Satz enthält viel Wahres. TraumatherapeutInnen berichten in der Arbeit von der Herausforderung, besonders die Lebensqualität ihrer

KlientInnen im Hier und Jetzt zu erhöhen. Dabei geht es nicht darum, das Schmerzhafte und Traurige zu verdrängen, sondern ein Gegengewicht dazu zu bilden. Die evangelische Theologin Kristina Augst schreibt ganz treffend: „Danken soll nicht gegen Klagen ausgespielt werden. Doch das Einüben von Freude, Lob und Dank kann ein wichtiger Heilungsmoment sein, da es die Wahrnehmungsfähigkeit hinsichtlich der gegebenen Ressourcen stärkt und über das Bestehende hinausweist."[51] Und Luise Reddemann schreibt: „Wir raten, die Schale des Glücks so aufzufüllen, dass sie ein Gegengewicht bilden kann zur Schale des Unglücks."[52]

Es gibt ganz konkrete spirituelle Übungen, die den Blick auf die Freude unterstützen können.

*Selbstsorge.* Die folgenden Fragen können eine Hilfe sein, für sich zu klären, wie die Schale des Glücks etwas aufgefüllt werden kann. Viele der Fragen haben dabei mit dem körperlichen Wohlergehen zu tun. Hier sei deswegen noch einmal an das Bild von Paulus erinnert, dass der Körper ein Tempel des Heiligen Geistes ist. Es ist ein Gottesdienst, wenn wir gut für diesen Tempel sorgen. So sind manche Aktivitäten, die nicht unmittelbar einen Glaubensbezug haben, in ihren Grundzügen auch geistliche Übungen.

Schreiben Sie sich die Antworten zu den folgenden Fragen auf ein Extrablatt. Nehmen Sie sich für jede Frage einige Minuten Zeit:

- Was schafft meinem Körper ein Gefühl von Wohlergehen?
- Was bereitet mir den größten Genuss?

- Was hilft mir, gut zu schlafen?
- Wie kann ich überschüssige Energie abbauen?
- Wie schaut für mich ein tolles Essen aus?
- Was hilft, wenn ich akut hohen Stress habe? Was ist mein Notfallprogramm?
- Was ist für mich ein guter Ort und eine gute Zeit zum Beten?
- Bei welchen Menschen kann ich auftanken?

Wenn Sie für sich diese Fragen beantwortet haben, dann gibt das einen guten Eindruck, wie Sie für sich selbst sorgen können. Die Herausforderung ist nun, etwas davon in den Alltag einzubauen. Zum Beispiel, indem Sie jeden Tag einmal gut für sich selber sorgen.

*Dankgebete.* Es kann ganz kleine Gründe geben, sich zu freuen und im Alltag dankbar zu sein. Ob das eine schöne Zimmerpflanze, ein gutes Essen, ein Waldspaziergang, eine warmherzige Begegnung oder ein wertvoller Mensch ist: Oft sind es diese Kleinigkeiten, mit denen wir die Schale des Glücks Stück für Stück auffüllen können. Dafür ist es aber wichtig, das Schöne bewusst wahrzunehmen, sonst kann es sich nicht entfalten.

Mit Dankgebeten haben Menschen über Jahrtausende ihre Augen dafür geöffnet, was sie von Gott empfangen haben. Dabei ist ein Dankgebet nicht nur eine Möglichkeit, Schönes zu benennen, es ist auch ein Erkundungsgang, um es erst zu entdecken.

Dankbarkeit ist etwas Kraftvolles. Sie verändert den Blick auf die Wirklichkeit. Sie schenkt Energie und Freude. Wer dankt, ist nicht passiv, sondern verhält sich aktiv zu seiner Umwelt, weil er bewusst empfängt. Viele Gebete in den Psalmen danken Gott für irgendein Ereignis und gehen dann in eine Bewegung über, in der immer mehr entdeckt wird, wofür die/der BeterIn danken kann.

Es gibt verschiedene Formen von Dankgebeten, ob als Lieder, Psalmen in gebundener oder freier Sprache. Eine Möglichkeit des Dankgebets sei hier näher beschrieben.

Am Abend vor dem Einschlafen kann es ein guter Zeitpunkt sein, um den Blick auf das Schöne des Tages zu richten und Gott dafür zu danken. Es wird jeden Tag wahrscheinlich mindestens drei Dinge geben, für die es sich lohnt, dankbar zu sein. Es können auch mehr sein, aber drei sind eine gute Zahl. Alles kann gesagt werden, wofür wir ehrlich dankbar sind. Wir müssen nichts vorspielen.

Abschließend noch zwei Ideen:

- Das Schöne lässt sich in einem Dankbarkeitstagebuch festhalten. Nach einigen Wochen kann es erstaunlich sein, wie viel Gutes eigentlich passiert ist.
- Damit das kleine Ritual zu einer guten Routine wird, lohnt es sich, einen Hinweis, z. B. einen Zettel, auf den Nachttisch zu legen oder irgendwo am Bett anzubringen, um abends an das Gebet erinnert zu werden. Auf dem Schild kann stehen „Danke Gott“ oder eine andere Formulierung, die für Sie passt.

Er hatte die Häftlingsnummer 119 104. Der Psychologe Viktor Frankl wurde im Jahr 1905 in Wien geboren und erlebte als Jude die nationalsozialistische Schreckensherrschaft. Nachdem sein Vater in einem Ghetto verstorben war, wurden seine Mutter, sein Bruder und seine Frau in Konzentrationslagern ermordet. Auch Viktor Frankl selbst wurde in ein KZ interniert. Er überlebte bis zu dessen Befreiung. Später veröffentlichte er das Buch „... trotzdem Ja zum Leben sagen: Ein Psychologe erlebt das Konzentrationslager". Darin schildert er das Leben unter der anhaltenden Gewalt im Lager. Und er formuliert eine Erkenntnis, die später einmal das inhaltliche Zentrum seines Lebenswerkes bilden wird. In Abwandlung eines Zitates von Friedrich Nietzsche schrieb er nieder: „Wer ein Warum zu leben hat, erträgt fast jedes Wie."[53] Er hatte bei den anderen Lagerinsassen beobachtet, dass ein Lebenssinn – ein „Warum" des Lebens – die Energie mobilisierte, um dem „Wie", dem grausamen Lagerleben, innerlich standhalten zu können. Viktor Frankl spricht wohlweislich von „fast jedes Wie". Er ist nicht naiv und weiß, dass jeder Mensch irgendwie gebrochen werden kann. Aber er weist darauf hin, was für eine starke Kraftquelle Sinn auch in der Bewältigung von schlimmsten Lebenslagen sein kann.

Im vorhergehenden Kapitel ging es bereits um die Frage nach dem Sinn im Angesicht von Leiden. Es wurde am Beispiel des Lebenskompasses deutlich, dass es auch Sinnzuschreibungen gibt, die problematisch sind. Also zum Beispiel dann, wenn Menschen dadurch in Gewaltverhältnissen festgehalten werden, weil sie einen Sinn darin sehen (zum

Beispiel weil es notwendig ist, um die Familie zu retten, oder weil es eine verdiente Strafe ist). Es kann auch Leiden geben, das rückblickend Sinn ergibt. Weil es reifer gemacht oder geholfen hat, andere Menschen zu verstehen. Manchmal wird aus Mist auch Dünger.[54] Wissenschaftler kennen das Phänomen des Posttraumatischen Wachstums.

Es gibt aber auch die andere Erfahrung. Nämlich dass Leiden schlichtweg sinnlos ist und sich keine Erklärung finden lässt. Egal wie sehr damit gerungen wird, egal was irgendwelche Leute sagen oder schreiben: es gibt es keine Erklärung; nur ein schmerzhaftes Starren auf die Sinnlosigkeit.

Doch auch wenn es sinnloses Leiden gibt, kann es im Leben trotzdem Sinn geben. Weil ich sinnloses Leiden erlebt habe, heißt das nicht, dass mein Leben als Ganzes sinnlos ist. Und Sinn kann helfen, auch sinnloses Leiden zu ertragen.

Mit Sinn kann es sein wie mit einer Waage in unserem Inneren. Diese Waage hat zwei Schalen. Auf der einen Seite ist all das Sinnlose im Leben, auf der anderen Seite das, was dem Leben Sinn stiftet. Die Herausforderung für uns Menschen ist, dass die Seite des Sinnes möglichst schwer wiegt. Dann kann sie das Sinnlose vielleicht aufwiegen oder auch nur etwas erträglicher machen. Das Sinnlose und Leidvolle wird leider immer wieder über uns hereinbrechen. Und ein Trauma ist ein schweres Gewicht auf der Seite der Sinnlosigkeit. Es kann sein, dass die Waage erst einmal oder auch für lange Zeit auf die negative Seite kippt und das Leben über lange Zeit sinnlos erscheint. Bei der Suche nach Sinn geht es darum, dass die sinngefüllte Seite irgendwann wieder stärker wiegt. Dabei kann es unmöglich sein, etwas von der Seite der Sinnlosigkeit auf die Seite des Sinnes zu schieben. Manchmal geht das, aber sehr oft eben auch nicht. Es gibt aber trotzdem eine Möglichkeit, damit umzugehen. Wir können versuchen, immer wieder etwas auf die sinngefüllte Seite zu legen. Der Sinnlosigkeit des Leidens wird etwas entgegengesetzt, das dem Leben Sinn gibt. Das Trauma macht keinen Sinn, auch nach vielen Jahren nicht. Aber das Leben lohnt sich zu leben, wegen meines Partners, meiner Kinder, meines Berufs, wegen all dessen, was ich weitergeben will.

Um Sinn zu suchen und sich vor allem auf ihn zu konzentrieren, gibt es in der christlichen Spiritualität schon seit vielen Jahrhunderten die Praxis, sich mit der eigenen Endlichkeit auseinanderzusetzen. Im Mittelalter wurden die lateinischen Worte „Memento Mori“ zu einer wichtigen Formel. Sie heißt übersetzt: Denke an deine Sterblichkeit. Unsere Zeit hier auf Erden ist begrenzt, konzentriere dich auf das, was wichtig ist.

Eine Übung, um dem Sinn im eigenen Leben auf die Spur zu kommen und sich auf das Wesentliche zu konzentrieren, ist das Schreiben eines Lebensrückblicks. Wie will ich einmal auf mein Leben zurückblicken? Als was für ein Mensch will ich einmal sterben? Was könnte Gott durch mich tun wollen? Welche Menschen sind in meinem Leben wichtig und wie kann ich ihnen das zeigen? Was muss ich loslassen? Was will ich getan haben? Was will ich genossen haben? Die ein oder andere dieser Leitfragen kann hilfreich sein.

Der Lebensrückblick lässt sich als Brief an sich selbst fassen. Stellen Sie sich vor, der Brief würde Ihnen an Ihrem Sterbebett vorgelesen werden. Was wollen Sie einmal zu sich über Ihr Leben sagen können? Es ist wichtig, sich für diese Übung wirklich Zeit zu nehmen. Und es ist auch keine einfache Übung. Aber Sie ist sehr fruchtbar. Und es kann dabei deutlich werden, was wir auf die Sinn-Seite unserer Lebenswaage legen können. Und dies kann helfen, das Sinnlose und Verletzende zu ertragen.

Eine mögliche christliche Perspektive auf den Sinn im Leben setzt bei der Taufe an. Der Sinn des Leben ist, dass sichtbar wird, dass ich getauft bin. In einem Bild gesprochen ist die Taufe ein Wasserzeichen, wie es sich in der Papierherstellung z. B. bei Ausweisdokumenten oder Geldscheinen findet. Dabei wird das Wasserzeichen im Prozess der Papierherstellung eingelassen. Es ist danach nicht mehr zu entfernen. Egal wie auf dem Blatt Papier herumgeschrieben wird, egal wie radiert wird oder wie sehr es zerknittert wird. Das Wasserzeichen bleibt. So ist es auch mit der Taufe. Sie ist als Wasserzeichen in unsere Identität eingelassen. Egal, wie das Leben auf uns schreibt, radiert oder knittert, das Wasserzeichen kann durch nichts entfernt werden. Und die Taufe ist noch mehr. Denn wo ein Blatt Papier verbrannt oder zerschnitten werden und ein Mensch eben sterben kann, ist die Taufe etwas Unzerstörbares. Durch die Taufe wird ausgedrückt, dass Gott jedem Leben Sinn verliehen hat. Ich muss Sinn nicht erzeugen, er ist von Gott schon da. Und diesen Sinn kann niemand nehmen.

# Schlusswort

Am Ende dieses Buches sollen einige Gedanken zu einem Text stehen, den eine Betroffene verfasst hat. Das Gebet wird in einem Artikel der Psychotraumatologin Christine Rost zitiert:

*„Herr, warum weckst Du mich in der dunkelsten Stunde der Nacht?*
*Weil ich dir zeigen will, wie das Licht durchbricht und ich da bin.*
*Herr, warum weckst Du mich in der dunkelsten Stunde der Angst?*
*Weil du dich verbinden sollst mit den treuesten Betern der Erde und ich da bin.*
*Herr, warum weckst Du mich in der dunkelsten Stunde der Trauer?*
*Weil ich dich trösten will mit meinem tiefen Frieden und ich da bin.*
*Herr, warum weckst Du mich in der dunkelsten Stunde des Schmerzes?*
*Weil ich deine Wunden verbinden will und dich halten und ich da bin.*
*Herr, warum weckst Du mich in der dunkelsten Stunde des Leidens?*
*Weil ich dir meine Freude schenke und ein Lachen des Himmels, denn ich bin da.“*[55]

Es würde mich freuen, wenn dieses Gebet und das Lesen des Buches für die Lesenden einige Gemeinsamkeiten hatten.

Im Gebet kehrt immer wieder das Thema der „dunkelsten Stunde“ wieder. Traumata sind die dunkelste Stunde im Leben eines Menschen. Dieses Buch will Verständnis wecken, wie viele Menschen solche dunkelsten Stunden durchleiden müssen und wie diese Traumata Menschen verändern können, bis in den Glauben hinein. Es gibt manches, was Nicht-Betroffene in der Begegnung mit Betroffenen irritieren mag. Doch vieles davon ist natürliches Wachstum unter Bedingungen immer wieder anhaltender Dunkelheit. Es weicht von der Norm ab, aber ist in vielem eine Anpassung.

Das Gebet stellt viele Fragen: Ich hoffe, dass dieses Buch auch in Ihnen, liebe Lesende, viele Fragen hervorgerufen hat. Denn von der Perspektive traumatischer Erfahrungen aus ergibt sich ein veränderter Blick. Die damit gestellten Fragen sind wichtig. Mir als Autor liegt sehr daran, dass Sie diese Fragestellungen mitnehmen: nach Tamar und Josef in der Kirche; nach einer traumasensiblen Gemeinde; nach den Gefahren der Rede über Vergebung; nach Glaubensformen, die bei der Traumaverarbeitung helfen können, und vieles mehr. Die Lektüre dieses Buches hat sich gelohnt, wenn diese Fragen in Ihnen wach bleiben.

Das Gebet formuliert immer wieder auch Antworten. Im häufigeren Lesen dieses Gebets stellte ich mir immer wieder die Frage, ob diese Antworten nicht zu ungebrochen, ja vielleicht sogar phrasenhaft sind. Manchmal hatte ich diesen Eindruck, manchmal hatte ich ihn nicht. Vielleicht ging es Ihnen beim Lesen dieses Buches ja ähnlich. Vor allem wenn Sie das Buch als Betroffene oder Betroffener gelesen haben, mag Ihnen manches zu schnell dahingesagt oder hohl vorgekommen sein. Wenn Sie das Buch bis zum Ende gelesen haben, hatte vielleicht aber auch das ein oder andere für Sie Substanz. Vielleicht können Sie dieses Buch so sehen, wie ich auf dieses Gebet blicke. Als ein Zeugnis des Ringens mit existentiellen Fragen, die immer wieder an die Grenzen des Sagbaren führen.

Schließlich hat mich dieses Gebet tief beeindruckt. Weil aus ihm ein Glaube spricht, der die dunkelsten Täler durchlitten hat. Angst, Trauer, Schmerz und Leid werden nicht schöngeredet. Und doch wird hinter dem Gebet die Überzeugung sichtbar, dass Gott besonders in diesen dunkelsten Stunden Menschen nahe ist. Dies ist auch die Überzeugung hinter diesem Buch. Kein Mensch muss dabei seinen Glauben retten. „Wo warst du, Gott?“ Diese Frage ist berechtigt. Und es ist wichtig, dass eine Antwort gegeben wird. Aber ein Gott, der trotz Traumata des Glaubens wert ist, der muss und wird dies selber tun.

# Anmerkungen

1 www.bmfsfj.de/bmfsfj/studie--lebenssituation--sicherheit-und-gesundheit-von-frauen-in-deutschland/80694 (abgerufen am 1. März 2021).

2 https://www.bmfsfj.de/bmfsfj/service/publikationen/lebenssituation-und-belastungen-von-frauen-mit-beeintraechtigungen-und-behinderungen-in-deutschland-80576 (abgerufen am 1. März 2021).

3 American Psychiatric Association (2015): *Diagnostisches und Statistisches Manual Psychischer Störungen (DSM-5)*, Hogrefe: Göttingen [u. a.], 369.

4 Die in diesem Abschnitt dargelegten Beobachtungen beziehen sich auf die Ergebnisse der Studie: Hellmann, Deborah F. (2014): *Repräsentativbefragung zu Viktimisierungserfahrungen in Deutschland*, Kriminologisches Forschungsinstitut Niedersachsen: Hannover, 88.162.

5 Siehe dazu: Müller, Ursula; Schröttle, Monika (2004): *Lebenssituation, Sicherheit und Gesundheit von Frauen in Deutschland: Eine repräsentative Untersuchung zu Gewalt gegen Frauen in Deutschland*, Bundesministerium für Familie, Senioren, Frauen und Jugend, 77.

6 Scherwath, Corinna; Friedrich, Sibylle (2014): *Soziale und pädagogische Arbeit bei Traumatisierung*, 2. Aufl., Ernst Reinhardt Verlag: München, 57.

7 Horowitz, Mardi J. (2013): *Persönlichkeitsstile und Belastungsfolgen*, in: *Posttraumatische Belastungsstörungen*, hrsg. von Maercker, Andreas, 4. Aufl., Springer: Berlin [u. a.], 260f.

8 Herman, Judith L. (1993): *Die Narben der Gewalt: Traumatische Erfahrungen verstehen und überwinden*, Kindler: München, 215ff.

9 Den Hinweis und die Deutung der Josefs-Geschichte in diesem Zusammenhang verdanke ich Silvia Johannes.

10 Young, William P. (2011): *Die Hütte: Ein Wochenende mit Gott*, Ullstein: Berlin 342f.

11 Bierman, Alex (2005): *The Effects of Childhood Maltreatment on Adult Religiosity and Spirituality: Rejecting God the Father Because of Abusive Fathers?*, in: *Journal for the Scientific Study of Religion*, 44, H. 3, 349-359.

12 Elliott, Diana M. (1994): *The Impact of Christian Faith on the Prevalence and Sequelae of Sexual Abuse*, in: *Journal of Interpersonal Violence*, 9, H. 1, 95-108.

13 Doehring, Carrie (1993): *Internal Desecration: Traumatization and Representations of God*, University Press of America: Lanham.

14 IMBENS, Annie; JONKER, Ineke (1992): *Christianity and Incest*, Fortress Press: Minneapolis, 39 [Eigene Übersetzung].

15 Elliott (1994): *The Impact of Christian Faith on the Prevalence and Sequelae of Sexual Abuse*, 95-108.

16 Pargament, Kenneth I. (1997): *The Psychology of Religion and Coping: Theory Research, Practice*, The Guilford Press: New York, 288ff.

17 AHRENS, Courtney E.; ABELING, Samantha u. a. (2010): *Spirituality and Well-Being: The Relationship Between Religious Coping and Recovery from Sexual Assault*, in: *Journal of Interpersonal Violence*, 25, H. 7, 1242-1263.

18 PARGAMENT, Kenneth I.; ENSING, David S. u. a. (1990): *God Help Me: (I): Religious Coping Efforts as Predictors of the Outcomes to Significant Negative Life Events*, in: *American Journal of Community Psychology*, 18, H. 6, 803 [Eigene Übersetzung].

19 Haslbeck, Barbara (2007): *Sexueller Missbrauch und Religiosität: Wenn Frauen das Schweigen brechen: eine empirische Studie*, LIT Verlag: Berlin [u. a.], 303.

20 Haslbeck (2007): *Sexueller Missbrauch und Religiosität*, 301.

21 Dillen, Annemie (2016): *Gewalt in Familien: Eine Herausforderung für das kirchliche und theologische Sprechen*, in: *Pastoraltheologische Informationen*, 36, H. 1, 68.

22 Blumenthal, David R. (1993): *Facing the Abusing God: A Theology of Protest*, Westminster John Knox Press: Louisville, 200.

23 Für diese originelle Formulierung danke ich Silvia Johannes.

24 Potter Engel, Mary (1998): *Evil, Sin, and the Violation of the Vulnerable*, in: *Lift Every Voice: Constructing Christian Theologies from the Underside, Revised and Expanded Edition*, hrsg. von Brooks Thistlethwaite, Susan; Potter Engel, Mary, Orbis Books: Maryknoll, 159-171.

25 Herman (1993): *Die Narben der Gewalt*, 145.

26 Kerstner, Erika; Haslbeck, Barbara; Buschmann, Annette (2016): *Damit der Boden wieder trägt: Seelsorge nach sexuellem Missbrauch*, Schwabenverlag: Ostfildern, 94.

27 Imbens; Jonker (1992): *Christianity and Incest*, 235 [Eigene Übersetzung].

28 Fortune, Marie M. (1995): *The Transformation of Suffering: A Biblical and Theological Perspective*, in: *Violence against Women and Children: A Christian Theological Sourcebook*, hrsg. von Adams, Carol J.; Fortune, Marie M., Continuum: New York, 89.

29 Jensen, Susanne; Baumann-Lerch, Eva (2015): *Gott will im Dunkel wohnen*, in: *Publik-Forum*, H. 6, 26.

30 Die folgenden Überlegungen beziehen sich auf den Text: Kerstner, Erika, *Missbrauchsopfer - was können Gemeinden und Seelsorgende tun*. Online veröffentlicht unter: www.gottes-suche.de/glaube-nach-gewalterfahrung/was-brauchen-betroffene/gemeinden-auf-dem-weg-zu-betroffenen/ (abgerufen am 25. November 2020).

31 Zitat aus benanntem Text von Erika Kerstner.

32 Bei allen Zwischenüberschriften handelt es sich um Zitate von Erika Kerstner aus obigem Text.

33 Zitiert aus: Kerstner, Erika, (2016): *Was brauchen Menschen, die sexuellen Kindesmissbrauch erlebt haben, von Kirchenverantwortlichen und MitchristInnen*. Vgl. https://gottes-suche.de/glaube-nach-gewalterfahrung/was-brauchen-betroffene/gespraech-mit-betroffenen/ (abgerufen am 25. November 2020).

34 Kerstner (2016): *Was brauchen Menschen, die sexuellen Kindesmissbrauch erlebt haben* (s. o.).

35 Vgl. Kerstner; Haslbeck u. a. (2016): *Damit der Boden wieder trägt,* 115.

36 Einige Texte zu diesem Thema in: Reddemann, Luise (Hrsg.) (2017): *Kontexte von Achtsamkeit in der Psychotherapie,* 2. Aufl., Kohlhammer: Stuttgart.

37 Vgl. Huber, Michaela (2003): *Wege der Traumabehandlung: Trauma und Traumabehandlung Teil 2,* 5. Aufl., Junfermann Verlag: Paderborn 33f.

38 Für die Beschreibung dieser Übung danke ich Silvia Johannes.

39 Kerstner; Haslbeck u. a. (2016): *Damit der Boden wieder trägt,* 190.

40 Näher zu diesem Thema: Peng-Keller, Simon (2014): *Zur Herkunft des Spiritualitätsbegriffes,* in: *Spiritual Care*: 1/2014, 36–47.

41 Moosbach, Carola (1997): *Gottflamme Du Schöne: Lob- und Klagegebete,* Gütersloher Verlagshaus: Gütersloh, 19f.

42 Waterstraat, Frank (2009): *Dem Chaos gestaltend begegnen - Aspekte christlicher Rituale in der Notfallseelsorge,* in: *Berliner Theologische Zeitschrift,* 26, H. 1, 19.

43 Mollica, Richard (2009): *Unsichtbare Wunden heilen: Wie traumatisierte Menschen inneren Frieden finden,* Südwest Verlag: München, 213.

44 Wagner, Doris (2019): *Spiritueller Missbrauch in der katholischen Kirche,* Herder Verlag: Freiburg.

45 Herman (1993): *Die Narben der Gewalt,* 266.

46 Konkret meine ich hier zum Beispiel die Darstellungen der Eroberung von Lachisch im Palast des assyrischen Königs Sanherib, bei der die Häutung der Besiegten abgebildet wird.

47 Blumenthal, David R. (1993): *Facing the Abusing God,* 227ff.

48 Faulde, Cornelia (2002): *Wenn frühe Wunden schmerzen: Glaube auf dem Weg zur Traumaheilung,* Matthias Grünewald Verlag: Mainz, 109.

49 Flaherty, Sandra M. (1992): *Woman, Why Do You Weep? Spirituality for Survivors of Childhood Sexual Abuse,* Paulist Press: Mahwah, 34.

50 Die Anregung zu dieser Übung verdanke ich meiner Frau Judith, die sie auf einem Retreat in Neuseeland kennenlernte.

51 Augst, Kristina (2012): *Auf dem Weg zu einer traumagerechten Theologie: Religiöse Aspekte in der Traumatherapie - Elemente heilsamer religiöser Praxis,* Kohlhammer: Stuttgart, 192.

52 Reddemann, Luise (2016): *Imagination als heilsame Kraft,* 19. Aufl., Klett-Cotta: Stuttgart, 45.

53 Frankl, Viktor E. (2014): *… trotzdem Ja zum Leben sagen: Ein Psychologe erlebt das Konzentrationslager,* 6. Aufl., Kösel: München, 116f.

54 Für diese originelle Formulierung danke ich Silvia Johannes.

55 Rost, Christine (2010): *Der Glaube als Ressource in der Behandlung psychisch traumatisierter Menschen christlicher Prägung,* in: *Religiöse Krankheitsbewältigung: Zur Rolle von Christentum und Islam im Umgang mit psychischen Erkrankungen,* hrsg. von Ehm, Simone; Utsch, Michael, Bd. 208, EZW-Hefte, 57.

# Dank

Die Entstehung dieses Buches wurde von verschiedenen Seiten unterstützt. Ein besonderer Dank gilt Silvia Johannes, der ich zahlreiche sprachliche und inhaltliche Impulse für dieses Buch verdanke und die manche theologische Diskussion mit mir bestritt. Ebenso danke ich meinen Mitstreiterinnen von Gottes-Suche Erika Kerstner und Dr. Barbara Haslbeck für das immer so gute Miteinander und in Bezug auf dieses Buch für Anmerkungen und Verbesserungsvorschläge. Karin Jacobs-Zander danke ich für viele wichtige Hinweise zu Sprache und Stilistik. Dr. Arnd Wünschmann gilt Dank für seine Anmerkungen zum Vorwort und zahlreiche Korrekturvorschläge. Den Personalverantwortlichen danke ich stellvertretend für die Bayerische Landeskirche, welche durch meine Freistellung zur wissenschaftlichen Arbeit auch die Fertigstellung dieses Buches mit unterstützt hat. Clemens Carl vom Verlag Herder danke ich für manche inhaltliche Anregung, das gründliche Lektorat und die konstruktive Betreuung.

# Ausgewählte Literaturempfehlungen

**Zum Thema Trauma:**

VAN DER KOLK, Bessel (2021): *Verkörperter Schrecken: Traumaspuren in Gehirn, Geist und Körper und wie man sie heilen kann*, 7. Auflage, G. P. Probst Verlag: Lichtenau.
Aktueller Forschungsstand zum Thema Trauma. Gut zu lesen, interdisziplinär, informativ.

HERMAN, Judith (2018): *Die Narben der Gewalt: Traumatische Erfahrungen verstehen und überwinden*, 5. Auflage, Junfermann.
Klassiker der Psychotraumatologie. Besonders im Verständnis von Missbrauchsfolgen eine sehr hilfreiche Lektüre.

**Für Betroffene (und Seelsorgende):**

MOOSBACH, Carola (2021): *Ins leuchtende Du: Aufstandsgebete und Gottespoesie*, EB-Verlag Berlin.
Gedichte und Gebete aus Betroffenenperspektive. Findet Worte, wo es keine Worte mehr gibt.

FAULDE, Cornelia (2002): *Wenn frühe Wunden schmerzen: Glaube auf dem Weg zur Traumaheilung*, Matthias Grünewald Verlag: Mainz.
Sehr gutes Selbsthilfebuch mit zahlreichen spirituellen Impulsen für Betroffene. Leider nur noch antiquarisch zu haben.

WAGNER, Doris (2019): *Spiritueller Missbrauch in der katholischen Kirche*, Herder Verlag: Freiburg.
Thematisiert spirituellen Missbrauch. Viele der Überlegungen sind grundlegend und auch für den Protestantismus relevant.

**Für Seelsorgende (und Betroffene):**

KERSTNER, Erika; HASLBECK, Barbara; BUSCHMANN, Annette (2016): *Damit der Boden wieder trägt: Seelsorge nach sexuellem Missbrauch*, Schwabenverlag: Ostfildern.
Praxisnahes Buch mit zahlreichen theologischen Impulsen. Zeigt Betroffenenperspektiven theologisch plausibel auf. Enthält viele praktische Hinweise für Seelsorgende.

STAHL, Andreas (2019): *Traumasensible Seelsorge: Grundlinien für die Arbeit mit Gewaltbetroffenen*, Kohlhammer: Stuttgart.
Wissenschaftlicher Hintergrund zum vorliegenden Buch. Mit Vertiefungen und weiterführender Literatur an verschiedenen Stellen.

# Informationen für Betroffene

Im Folgenden handelt es sich um eine Auswahl von Adressen, Organisationen und Anlaufstellen, bei denen Menschen mit Traumaerfahrung weitere Unterstützung finden können.

**Hilfetelefon Gewalt gegen Frauen**
Für Frauen in Gewaltsituationen. Kostenfreie Beratung per Telefon oder Chat möglich. Anonym. Mehrsprachiges und barrierefreies Angebot. Vermittelt Kontakt zu Einrichtungen vor Ort. 365 Tage rund um die Uhr. Beratung auch für Angehörige, Freundinnen und Freunde und Fachkräfte.
www.hilfetelefon.de
Telefon: 08000 116 016

**Hilfetelefon Gewalt an Männern**
Für Männer, die Gewalterfahrungen nicht „mit sich selbst ausmachen" oder „in sich hineinfressen wollen". Angebot digital oder zu festen Sprechzeiten per Telefon möglich.
www.männerhilfetelefon.de
Telefon: 0800 123 99 00

**Beratungsangebot für gewaltbetroffene Frauen aus der Regenbogen-Community**
Telefonische oder Online-Beratung für Lesben, Trans* und queere Menschen. Sprechzeiten vorher über die Homepage einsehen.
www.gewaltfreileben.org
Telefon: 069 43 00 5233

**Hilfetelefon Sexueller Missbrauch**
Kostenfreie und anonyme Beratung bei sexuellen Gewalterfahrungen in Kindheit und Jugend. Für Betroffene, Angehörige und Fachkräfte. Auch Beratung bei Vermutungsfällen möglich.
www.anrufen-hilft.de
Telefon: 0800 22 55 530

**Hilfeportal Sexueller Missbrauch**
Für Betroffene, Angehörige und Fachkräfte. Mit hilfreicher Online-Suchfunktion nach Angeboten und Einrichtungen vor Ort.
www.hilfeportal-missbrauch.de
Telefon: 0800 22 55 530

**Unabhängige Informationen für Betroffene von sexualisierter Gewalt in der evangelischen Kirche und Diakonie**
Unabhängige, anonyme und kostenlose Beratung für Betroffene von sexualisierter Gewalt im evangelischen Kontext. Vorherige Terminvereinbarung wichtig.
www.anlaufstelle.help
Telefon: 0800 50 40 112

**Psychotherapie-Informationsdienst**
Möglichkeit der Telefonberatung bei der Suche nach geeigneter Therapie. Kostenlose Therapeutensuche in Online-Datenbank.
www.psychotherapiesuche.de

**GottesSuche**
Ökumenische Initiative zu Glaube nach Gewalterfahrungen. Informationen, Begleitung und Vernetzung von Betroffenen.
www.gottes-suche.de

**Telefonseelsorge®**
Seelsorgeangebot der evangelischen und katholischen Kirche. Anonym und rund um die Uhr erreichbar.
www.telefonseelsorge.de
Telefon: 0800 111 0 111